Marco Mazzoli

THE THEORY

Il codice del destino

MONDADORI

Dello stesso autore
nella collezione Ingrandimenti

con Davide Simon Mazzoli
Non mollare mai

www.librimondadori.it

The Theory
di Marco Mazzoli

ISBN 978-88-04-63561-1

I edizione gennaio 2014

The Theory

È estate piena, ha appena smesso di piovere. Una di quelle piogge estive che dovrebbero rinfrescare, ma che aumentano solo l'umidità. Quanto cazzo la odia quella sensazione di appiccicoso! Le nuvole nere lasciano spazio a uno scorcio di sole che, a quest'ora, diventa arancione e rende tutto dorato. Adora la magia che si crea con questi colori. Sta tornando a casa dopo una giornata piuttosto insolita. Ha chiuso un affare che gli renderà parecchi soldi, ma se deve essere sincero, dei soldi non gliene frega più niente.

Ha tutto, è l'emblema dell'uomo felice, arrivato, di successo.

Mark ha trentacinque anni, uno stipendio invidiabile, è un manager di successo, veste firmato, indossa orologi da collezione, ha una villa da urlo sulle colline di Hollywood, con una piscina a sfioro che si sfuma con le luci della città e... guida una Ferrari nuova di zecca. Chiunque, dopo questo elenco, lo manderebbe affanculo se lui gli dicesse che non è felice, chiunque gli darebbe un pugno in faccia se dicesse che è depresso e che questa vita gli fa schifo.

Strana cosa, la vita, vero?

Forse è solo un lungo sogno, dal quale non ci risvegliamo mai. Pensiamo di essere vivi, padroni del nostro destino, e invece siamo ombre che lavorano, amano, giocano, piangono. Schiavi delle nostre idee, della nostra morale, delle nostre passioni. Mark si sente un'ombra, una figura impalpabile che vaga dentro un sogno sognato... da chi?

Domande che si fa spesso, senza mai trovare una risposta. Per molte persone, la vita è un dono di Dio. No, lui sa che non lo è.

Del resto, c'è qualcuno che può sostenere di essere davvero felice? Quanto dura la felicità? Dieci secondi, venti al massimo? Poi? Il resto del tempo lo passiamo a rincorrerla, ma con scarsi successi. Cresciamo in una società che ci fa credere che la felicità si nasconde dietro a un bel vestito, a un telefono nuovo, a un grosso conto in banca. Tutte cazzate. Una Babele moderna, e antica come il mondo. Il senso di tutto questo, se c'è, rimane incomprensibile.

Cazzo, ha ricominciato a piovere!

Mentre richiude la capote della macchina, la mente lo riporta ai suoi pensieri malati. La pioggia aumenta, si infittisce, diventa torrenziale.

Il suono lontano di una sirena. Dà un'occhiata al retrovisore. Scorge un'auto della polizia che gli si è messa in scia, il lampeggiante crea giochi di luce caleidoscopici sulla barriera d'acqua.

Se ne fotte, e accelera!

Il limite è di 55 miglia all'ora, lui è a 70. Il rumore assordante dei suoi 500 cavalli copre il suono fastidioso della sirena dell'auto della polizia, che sembra non volerlo mollare.

Socchiude gli occhi.

Ci chiediamo mai quante volte siamo stati veramente felici? E quante, invece, abbiamo dovuto arrenderci a una realtà fatta solo di sconfitte, di sofferenza?

Domande che generano altre domande.

La cortina di pioggia che tempesta l'asfalto oltre il parabrezza è uno schermo su cui si materializza, di colpo, la scena di un'altra sera d'estate, su un'altra autostrada della California.

Lo scontro è stato devastante, i veicoli distrutti. Accanto all'ammasso di lamiere contorte giace il corpo di una donna. Il suo viso, bellissimo, è una maschera di sangue.

«Questa non ce l'ha fatta» dice uno dei soccorritori.

Lisa.

Perché la vita è così crudele?

Chi ha il potere di decidere che persone splendide, come la sua Lisa, debbano morire così giovani, e altre invece possano vivere a lungo?

Ancora domande. Pensieri senza scopo, forse nient'altro che la conseguenza della sua disperazione, della sua totale infelicità. Lei era tutto per lui. La sua gioia, la spalla su cui piangere, il suo unico, vero motivo di vita. Ora non c'è più!

Le pattuglie che lo seguono sono due, forse tre. Butta un occhio sul cruscotto, segna 90! La pioggia rende l'asfalto sempre più scivoloso e le auto della polizia sembrano pattinatori inesperti su una lastra di ghiaccio. Un'ulteriore pressione sull'acceleratore e la Ferrari stacca con facilità gli inseguitori. Lui continua a fissare un punto davanti a sé. La sua destinazione ormai non è lontana.

Si rivede in quella stanza d'albergo, seduto sul letto, al buio. Poco lontano, il neon intermittente dell'insegna di un drugstore proiettava riflessi metallici sulla canna gelida dell'arma che tiene appoggiata sotto il mento.

"No, non ci riesco, a premere il grilletto. Non era così che doveva finire tutto."

La curva a gomito è sempre più vicina. La polizia, però, non lo molla. La pioggia aumenta e le luci gialle che indicano "curva pericolosa" lampeggiano davanti a lui. Una delle volanti sbanda e finisce fuori strada, mancando di poco quella dietro di lui.

Accelera! Il cruscotto segna 110! La strada sembra sempre più stretta. La Ferrari schizza in avanti, bucando la muraglia liquida, mentre le auto della polizia sono un ricordo che si è perso lontano, nelle profondità del diluvio.

Mani salde sul volante, questa volta non sterzerà.

Lo schianto contro il guardrail segna il passaggio di un confine tra mondi.

Realtà e sogno, morte e vita.

Sta volando, adesso, a bordo della sua auto. Tuffandosi in un mare da cui non c'è ritorno.

La morte, dicono, è la vita che finisce. O che comincia?

Un fascio di luce avvolge tutto e l'auto s'inabissa nelle acque gelide.

1

Il getto d'acqua calda scorreva picchiettando sul pavimento della doccia. Ero in piedi davanti al box con addosso un paio di short mentre fissavo, ipnotizzato, il flusso incessante. Ero solo, come spesso accadeva. Gran parte dei miei coetanei pensavano che fossi strano, pazzo, malato di mente, paranoico...

La porta dello spogliatoio si spalancò di colpo. Eccoli, gli stronzi della scuola che si sentivano fighi solo perché facevano parte della squadra di football. Loro erano atletici, alti, alla moda, avevano i soldi. Uno di loro si affacciò nella corsia delle docce.

«Ehi, Mason è di nuovo qui!» esclamò rivolto ai compagni.

«Sei tornato a spiarci, Mason?» aggiunse un altro.

«Ti ecciti a guardarci mentre facciamo la doccia, eh, troietta?»

Mentre altri in arrivo si aggiungevano alla platea di spettatori, il primo si calò i pantaloncini.

«È questo che ti piace?» mi chiese.

«Ne vuoi un po'?»

Risero tutti. Ormai erano una dozzina, ammassati all'entrata delle docce, bloccandomi il passaggio.

Un paio di loro si fecero avanti. Provai a indietreggiare.

«Dove te ne vai, Mason? Non vuoi divertirti un po' con noi?»

«Sì, troietta, vieni qui. Noi abbiamo voglia di divertirci un po' con te...»

Altre risate sguaiate, pacche sulle spalle.

«Lasciatemi stare, voglio solo andarmene.»

Cercavo una via d'uscita.

«Cos'hai detto? Apri quella boccuccia, parla più forte!»

«Che c'è, Mason, hai ancora paura dell'acqua?»

Uno degli stronzi avanzò aggressivo e mi tirò uno spintone, verso la doccia che continuava a scorrere, sollevando un velo di vapore.

«Dài, fatti una doccia insieme a noi!»

«No, lasciatemi uscire!»

Il panico mi stava travolgendo.

«Non devi aver paura, Mason» disse uno ridacchiando «l'acqua fa bene. L'acqua è bella.»

«Però occhio a non lasciar cadere il sapone!» gridò un altro.

Uno di loro mi afferrò per il collo e cercò di trascinarmi sotto la doccia.

«Avanti, non fare storie!»

«No! Lasciatemi in pace! Aiuto!»

Ero completamente fuori di testa.

Per un attimo, il ragazzo che mi teneva il collo si distrasse. Ne approfittai per liberarmi dalla sua presa e scappare dal bagno, ma altri bastardi mi afferrarono e mi sollevarono da terra per ributtarmi sotto la doccia. Cercai di gridare più forte che potevo, ma le mie urla erano sovrastate dagli incitamenti del branco. Poi il getto d'acqua mi colpì in pieno. Il panico lasciò il posto a un cieco terrore che iniziava ad agire come un anestetico, paralizzandomi gambe e braccia.

Di colpo avevo smesso di divincolarmi, abbandonandomi sotto l'acqua come una marionetta appesa ai fili.

La mente ricominciava a creare immagini dal nulla...

Un'auto che corre sotto una pioggia battente, lanciata a folle velocità... l'acqua è dappertutto, non dà scampo...

Lo squarcio di una visione mi era balenato davanti agli occhi, mentre le gocce mi battevano sul viso. Ero confuso e disorientato dalle urla e dalle risate dei ragazzi.

La tempesta che si accanisce furiosamente, un cielo tenebroso che incombe sulla terra...

Il più grosso mollò la presa, il loro gioco preferito era finito per oggi, mentre io, ammutolito, rimanevo accovacciato in un angolo della doccia, con le ginocchia ritratte contro il corpo e lo sguardo perso nel vuoto.

«Hai visto che non è successo niente, Mason?» disse qualcuno.

«Sì, ti abbiamo dato una mano a superare le tue paure, ma non devi ringraziarci!»

In quel momento, tra i ragazzi che ridevano si aprì un varco e spuntò la faccia perplessa di un insegnante.

«Si può sapere che succede, qui?»

«Mason aveva bisogno di una doccia» rispose uno.

Tra risatine soffocate, il gruppo si disperse velocemente tornando nello spogliatoio. L'insegnante allungò una mano e ruotò la manopola per chiudere l'acqua. Guardandomi, rintanato in un angolo.

«Su, asciugati e rivestiti, hai una lezione tra poco.»

Ero di nuovo solo.

Il battito frenetico del cuore continuava a rimbombarmi nelle orecchie. Non avevo idea di cosa fosse, quello sprazzo fugace che la mente mi aveva mostrato. Mi capitava spesso di vedere immagini che appartenevano alla vita di qualcun altro. Sentivo crescere dentro di me l'inesorabile angoscia di un presagio.

2

Quella sera rientrai a casa abbastanza tardi. Mia madre Kiara stava già preparando la cena. Lasciai cadere a terra lo zaino di fianco alla porta d'ingresso, appesi il giubbotto e andai in cucina.

«Ciao, tesoro» disse lei «come mai così tardi?»

«Ciao, mamma» risposi, prendendo una Coca dal frigo. «Niente, sono andato un po' in giro.»

«Ti ho preparato il pollo fritto» disse, mentre controllava il contenuto sfrigolante della padella. «Com'è andata oggi a scuola?»

«Alla grande.»

Mi sedetti a tavola e mi misi a sgranocchiare dei semini pescandoli da un barattolo.

«Certe volte mi dispiace un sacco che debba finire, prima o poi» aggiunsi.

Si girò a guardarmi. Il mio tono sarcastico non le era sfuggito.

«Andrà meglio, vedrai» disse con un'aria dispiaciuta, come se nelle mie parole ci fosse stato qualcosa di personale verso di lei.

«Dici davvero?» replicai, già abbastanza nervoso per conto mio. «Gli ultimi dieci anni su sedici sono stati un inferno, e allora perché i prossimi due dovrebbero essere meglio?»

«Ti hanno dato fastidio ancora» disse, e la sua non era una domanda.

Il mio silenzio fu la conferma che si aspettava. Annuì e non aggiunse altro, occupata a servire nei piatti i bocconcini di pollo. Iniziai a mangiare a occhi bassi, sapendo che tanto ci sarebbe stato un seguito.

«Senti, Scott» disse mia madre, dopo essersi accomodata davanti a me «anche ai miei tempi, quando andavo a scuola io, c'erano i bulletti e i ragazzi più fighi che tormentavano i compagni. Ma erano quelli che poi da grandi sono rimasti dei nessuno. Capisci? Delle complete nullità. Si sono ritrovati a fare un lavoro che odiavano, inchiodati per tutta la vita nella loro città d'origine, senza mai combinare nulla di buono. Quelli come te, invece, che non si sono accontentati, che hanno saputo guardare più in là, sono diventati persone felici.»

Alzai gli occhi su di lei.

«Sul serio?» dissi. «Quelli come me mi sembrano il genere di persone che finiscono col fare una strage a scuola prima di spararsi un colpo.»

«Scott!»

«Sai cosa intendevo, mamma. Non drammatizzare sempre ogni frase che dico.»

«Ok, pensala come vuoi.»

Si mise finalmente a mangiare, con un'espressione vagamente risentita. «Ma ricordati le mie parole. Vedrai che sarai tu quello che alla fine avrà successo e sarà felice. Io credo in te.»

«Be', considerando che sei mia madre...» buttai lì con una risata per alleggerire l'atmosfera. Davvero non valeva la pena di mettersi a litigare.

«Tu scherzaci pure, ma sai che è così.»

Mi sorrise affettuosamente. Tempesta scongiurata.

«Che fai, stasera?» mi chiese poi.

«Penso che aggiornerò il mio negozio eBay. Lo sto trascurando da un po'.»

«Sempre appiccicato a quel computer... Uscire con qualche ragazza, mai?»

«Quando incontrerò quella giusta sarai la seconda a saperlo» dissi con una smorfia. «E comunque dovresti essere contenta, non sei costretta a darmi il permesso di uscire.»

«Se sei contento tu, per me è ok.»

Finii svogliatamente l'ultimo boccone che avevo nel piatto e mi alzai, pronto a levare le tende.

«Aspetta, non vuoi altro pollo? Non ti è piaciuto?»

«No, no, era buonissimo, è che non mi va più» risposi, già con un piede nel corridoio. «Oggi in giro ho smangiucchiato un po'» mentii.

«I soliti spuntini fuori orario... Ok, allora lo finirò io» disse delusa, mettendo il resto nel proprio piatto. «Oh, dimenticavo. Stasera farò tardi.»

«Ah» feci, girandomi sulla soglia della cucina. «E dove vai?»

«Al cinema.»

«Con...?»

«Non ha importanza. Semmai chiedimi che film andrò a vedere.»

«Mamma...»

«È solo un collega di lavoro, Scott.»

«Un appuntamento galante, quindi.»

«Non proprio.»

«Tu e un tipo andrete al cinema insieme, e non è un appuntamento? Allora cos'è? A meno che tu non sia la sua badante...»

«Ok, d'accordo, è una specie di appuntamento» concesse, simulando un'aria esasperata. Poi sorrise. «Se non ci sono altre domande, io finirei di cenare.»

Scossi la testa.

«Andrò a dare un'occhiata al mio negozio» dissi, e me ne venni via per salire in camera.

«È solo un collega» ribadì lei, dalla cucina.

Una mezz'ora più tardi, mentre ero seduto al computer, sentii bussare leggermente alla porta della mia stanza.

«Entra pure» dissi.

Mamma mise dentro la testa. «Sto uscendo, ci vediamo più tardi.»

«Se a quell'ora sarò ancora alzato...» borbottai, lasciando trasparire il mio malumore più di quanto avrei voluto.

«Allora ciao» fece lei, senza dare peso al mio tono un po' indispettito. «Chiamami se hai bisogno, terrò il cellulare con la vibrazione.»

Annuii, senza distogliere lo sguardo dallo schermo.

Aspettai qualche secondo, mentre lei scendeva le scale, poi mi alzai e andai alla finestra. Tenendomi di lato, al riparo della tendina, sbirciai in strada.

Davanti a casa c'era un'auto parcheggiata, abbastanza lussuosa. Certo più lussuosa di quelle che ci saremmo mai potuti permettere noi. In attesa di fianco alla macchina c'era un tizio, genere damerino in giacca e cravatta.

Mia madre uscì sul vialetto d'ingresso e lui le andò incontro con un sorriso smagliante. A quel punto mi ritrassi per non vedere altro, e tornai al mio computer.

Se a Kiara piaceva quel personaggio, affari suoi. Di sicuro poteva aspirare a qualcosa di meglio. Anche se *qualunque* essere di sesso maschile sarebbe stato meglio di mio padre, ma insomma... Scossi la testa rimuginando fra me e me. Meno pensavo a lui e meglio stavo. Così misi in play un album dei Vaccines su iTunes e tornai a dedicarmi al mio negozio eBay. Lo avevo aperto da un po' di mesi per vendere qualche oggetto, tipo vecchi fumetti, CD musicali, videogiochi, tutta roba di seconda mano. Niente di che, però era divertente.

La rete era un posto che sentivo congeniale, sempre che si potesse definirlo un posto. Lì non ero obbligato ad avere rapporti diretti con le persone, potevo gestire i miei spazi come mi pareva, con i miei tempi. Per uno come me, non troppo... inserito socialmente, diciamo così, era come avere a portata di mano un pezzetto di paradiso.

Continuai ad aggiornare la mia pagina per un'oretta, poi mi stancai. Mi stropicciai gli occhi, che avevano cominciato a bruciarmi un po', mentre mio malgrado il pensiero correva a mia madre che se ne stava al cinema, in gentile compagnia.

Risi da solo per quella mia stupida gelosia da figlio maschio, e in quel momento il suono di un messaggio ricevuto sul computer mi spense la risata a metà.

Chi poteva scrivermi a quell'ora? Con nessuno dei miei compagni di classe avevo corrispondenze via mail particolarmente intense...

Il mittente era sconosciuto, l'account solo un insieme di lettere e numeri senza senso, ci cliccai sopra e capii subito.

Un anonimo spinto da nobili intenzioni mi faceva sapere che una certa foto, lì allegata, era stata postata in un social network.

Il messaggio finiva con un "Dormi bene, troietta!", e nella foto c'ero io in short tutto rattrappito tipo Gollum nell'angolo della doccia.

Non potevo crederci, e sbattei gli occhi due o tre volte prima di accettare la triste realtà. Mi tremavano le gambe per la rabbia che mi sentivo esplodere dentro.

Abbassai di scatto lo schermo del portatile per non vedere più quella foto vergognosa che stava viaggiando fra i computer e gli smartphone di ogni mio coetaneo della città. Sicuramente ero già diventato lo zimbello di tutta la scuola. Nel mio piccolo paradiso virtuale, si era aperta una porta sull'inferno.

Mi buttai sul letto, disperato. Cosa potevo fare? Quando mai sarebbero finite le persecuzioni di Chad e dei suoi amici?

Presi in mano meccanicamente il libro che avevo sul comodino. Qualche sera prima avevo iniziato il *Processo* di Kafka, pescato nella libreria di mia madre. Non proprio la lettura più adatta per uno con il morale a terra...

Diedi un'occhiata all'orologio: le undici.

Provai a distrarmi un po' con quel romanzo e smaltire la rabbia che avevo dentro. Dopotutto c'era qualcuno che aveva passato guai perfino peggiori dei miei, pensai mentre leggevo delle disavventure capitate all'impiegato Josef K.

3

Aprii gli occhi. Mi aveva svegliato la luce del mattino che filtrava nella stanza. Ero steso sul letto ancora vestito, con il libro aperto accanto.

Mi guardai intorno confuso, impiegando qualche secondo a realizzare che erano già le sette e mezzo e che dovevo andare a scuola. Sulla scrivania lampeggiava il led del computer lasciato in standby.

Mi tirai su lentamente, indolenzito per la posizione scomoda in cui mi ero addormentato. Ma non era solo fisico il malessere che mi sentivo addosso. C'era qualcos'altro, che non dipendeva dal brutto tiro che mi avevano combinato la sera prima diffondendo quella foto. No, si trattava di qualcos'altro che non riuscivo a identificare...

Poi, di colpo, mi ricordai.

Durante la notte era successo ancora. Le visioni, con quei suoni e quelle immagini, erano tornate. Altri flash di quella scena che si ripeteva ossessiva nella mia mente.

Chiusi gli occhi e cercai di riportarle alla memoria...

Acqua, molta acqua, in movimento vorticoso. Un vento forte, assordante. Addirittura un rombo, come di un motore. Una Ferrari viaggia ad altissima velocità lungo una strada piena di curve. Luci intermittenti su auto della polizia, lanciate in un folle inseguimento. Poi un urlo di donna. La tempesta che cresce, sempre più fragorosamente. Ruote che divorano la strada. Vento e pioggia che martellano l'asfalto...

Spalancai gli occhi con un sussulto. Dovevo stare attento con certi esperimenti. Per un attimo quella scena mi era sembrata così *vera,* che non avrei saputo distinguerla dalla realtà. Sempre che la realtà, poi, fosse una e una sola...

Andai alla finestra. Il cielo era nuvoloso, si preannunciava una giornata di pioggia. Niente di insolito per la nostra ridente cittadina a nord di Seattle, verso il confine canadese. Con le sue strade ordinate, la gente così perbene, le case ben arredate, tutti con il SUV in garage... proprio un bel mondo perfetto.

E tutt'intorno la natura come una prigione, le montagne, i boschi, e quel vento incessante che secondo me non vedeva l'ora di spazzarci via tutti...

Be', mi ero alzato decisamente con la luna storta. Feci una doccia veloce, per fortuna senza avere nuove allucinazioni, e infilai jeans e felpa puliti.

«Scott, la colazione!» mi arrivò la voce di mia madre, dal piano di sotto.

Chissà a che ora era rientrata. Decisi di non chiederle niente. Era abbastanza cresciuta per saper badare a se stessa, no?

Scesi in cucina. La colazione era pronta sul tavolo. Ecco, un quadretto da famiglia americana ideale. Una cucina accogliente, una madre premurosa che si fa in quattro per crescere il figlio da sola... Così poteva sembrare, guardando dall'esterno. Ma quello che avevo vissuto io tra quelle mura, quello che aveva dovuto passare mia madre... no, questo da fuori non lo si poteva vedere.

In più, sopra quella scenetta da spot si allargava l'ombra di un sospetto sempre più forte, generato in me dalle strane cose che mi stavano succedendo. L'idea che tutto ciò non fosse altro che una facciata, come in quei western dove le case del villaggio sono soltanto sagome a due dimensioni.

E l'idea che dietro l'apparenza della mia vita così *normale* si nascondesse un segreto, un qualche evento traumatico che mi aveva marchiato nel profondo.

Perché quella fuga in auto sotto la pioggia, l'incidente terribile, la donna coperta di sangue della visione che avevo avuto a scuola... tutte quelle cose *dovevano* avere un significato.

Ma quale?

«Mi hai sentito? Ho detto "buongiorno, tesoro"» disse mia madre, avvicinandosi per baciarmi sulla guancia.

Mi ero perso nei miei pensieri e non mi ero nemmeno accorto che stesse parlando. Mi sottrassi al bacio schivandola e andai a sedermi.

«Che c'è?» mi chiese perplessa. «Tutto a posto?»

Mugugnai qualcosa che doveva somigliare a un sì, mentre ingurgitavo una cucchiaiata di cereali al latte.

«Sicuro?» insistette, sedendosi davanti a me. Era già vestita e pettinata di tutto punto per andare al lavoro in ospedale.

Annuii, continuando a mangiare senza alzare gli occhi.

«Non mi chiedi della mia serata?»

«Dev'essere andata bene» risposi «visto che alle due non eri ancora tornata.»

«Scusami, non sapevo che ci fosse il coprifuoco.»

«Allora, com'è andata?»

«Una serata piacevole, sì, molto piacevole» rispose lei, con un luccichio nello sguardo che significava una cosa precisa: teneva davvero a quella persona. Gliel'avevo già visto anni prima, quando... voleva ancora molto bene a mio padre. Ebbene sì, c'era stata anche per noi un'antica età dell'oro, ormai perduta per sempre.

Mia madre Kiara era indubbiamente ancora una bella donna, con i capelli di un nero profondo, lucente, come quelli di certe orientali che si vedono nei film di arti marziali. C'era solo qualche ruga leggera sulla fronte e intorno agli occhi, ma io sapevo che erano i segni di tutta la sofferenza che le aveva causato lui. Tutte le notti che aveva passato a piangere dopo le liti furibonde erano lì, scolpite sul suo viso.

«Ha l'aria del gigolò» dissi ostentando indifferenza, mentre sorseggiavo il mio succo d'arancia.

Mi strizzò l'occhio. «Lo sapevo che avresti spiato dalla finestra, ieri sera.»

«Non mi sembra che sia un reato. E comunque io devo assicurarmi che mia madre frequenti persone a posto.»

«Be', i nostri rispettivi ruoli non sarebbero esattamente questi, però a tuo modo hai detto una cosa carina, grazie.»

Si alzò per farmi una carezza sulla testa. Io esagerai una reazione disgustata, e finimmo per scoppiare a ridere tutti e due.

«Proprio non so cosa ci trovi, in un tipo così» lanciai l'ultima frecciatina, anche se ormai il mio malumore si era stemperato.

«Infatti tu non sei me. Comunque adesso devo andare. Ci vediamo stasera.»

Mi allungò di sfuggita un bacio sulla nuca prima di uscire dalla cucina. Poi tornò indietro un attimo dopo, mentre si infilava il giaccone.

«Ebbene sì» mi disse rimanendo sulla soglia, «ha veramente l'aria del gigolò, ma a me piace un sacco. Ciao!»

Scossi la testa per ribadire tutta la mia disapprovazione. Mi versai un altro bicchiere di succo e lo sollevai in un brindisi beffardo.

«All'amore eterno» dissi, ma lei era già uscita.

4

Appena scesi dal bus alla fermata della scuola, mi accolsero le occhiate e le risatine di ragazzi e ragazze che a gruppetti aspettavano davanti all'ingresso di entrare all'ultimo momento. A conferma del fatto che la mia foto "rubata" doveva essere stata condivisa da tutti o quasi.

Mentre camminavo non mi tolsi le cuffiette dalle orecchie per non dover ascoltare battute idiote, ma mi sentivo come una di quelle reclute obbligate a passare tra due file di soldati che le prendono a calci e pugni.

Una volta entrato tirai dritto a testa bassa nel corridoio affollato di studenti. Raggiunsi il mio armadietto e lo aprii per depositarci lo zaino. Togliendomi le cuffiette, sentii un brusio dietro di me.

«Ehi, c'è la femminuccia!» esclamò qualcuno.

«È l'ora della doccia, Mason!» urlò un altro.

Feci appena in tempo a girarmi che mi ritrovai di fronte Chad Jennings. Stava agitando una lattina di Coca, e prima che potessi rendermi conto me la stappò davanti alla faccia.

Fui investito da una spruzzata di liquido gassato e rimasi impietrito, con gli occhi in fiamme. Tutti esultarono come se fossimo allo stadio. C'erano anche due o tre ragazze che si stavano schiantando dalle risate.

Poco dopo, però, vedendo che non reagivo mettendomi a urlare oppure a piangere come un bambino, il mio affezionato pubblico esaurì in fretta tutto il suo entusiasmo e si disperse nelle classi.

Io rimasi lì immobile, fremendo di rabbia, a guardarmi la felpa fradicia. Poi presi un asciugamano dall'armadietto e mi asciugai la faccia.

«Sono dei poveri stronzi» disse una voce accanto a me.

Mi girai a guardare oltre l'anta aperta. Una ragazza stava aprendo l'armadietto di fianco al mio.

Era carina. Non molto alta, occhi verdi, look emo. Aveva la mia stessa età, lo sapevo perché l'avevo già notata un paio di volte all'uscita dalla sua classe. Si chiamava Barbara Fitz, se non ricordavo male. Sua madre era la bibliotecaria della scuola.

Aprii la bocca per dirle qualcosa, ma lei aveva infilato dei libri nell'armadietto e già richiuso l'anta, poi si allontanò senza aggiungere altro.

Maledissi la mia solita mancanza di prontezza. Non ero riuscito a mettere insieme nemmeno due parole per ricambiare il suo sostegno morale. E avrei dovuto, visto che era la prima persona a schierarsi dalla mia parte in quella guerra insensata che mi vedeva solo contro il resto del mondo.

Era suonata la campanella. Ora di entrare in classe.

La voce della professoressa irrompe nei miei pensieri.

«Femminuccia» mi sussurrò nelle orecchie l'ennesimo bulletto della scuola, che probabilmente aveva contribuito a far girare la mia foto su tutta la rete.

Fortuna che c'era lezione, così potevo finalmente prendermi una pausa da questa situazione imbarazzante.

«Come abbiamo visto» stava dicendo la biondissima professoressa James, mentre camminava tra due file di banchi con un libro in mano «il superuomo è un individuo autosufficiente che ha raggiunto la pienezza delle sue potenzialità...»

Seduto al mio posto accanto alla vetrata, sul lato sinistro della classe, mi sforzavo di tenere gli occhi aperti. Non che la lezione non m'interessasse, ma avevo altri pensieri per la testa e una notte di sonno tormentato alle spalle che aveva lasciato qualche strascico.

La James non era male, come prof. Piuttosto giovane, ma molto preparata. Forse un po' prevedibile, da lei non ti aspettavi certo il punto di vista originale che ribalta la prospettiva e ti fa vedere le cose in modo nuovo. Però sapeva spiegare bene, era sempre calma e tranquilla, e sentirla parlare di filosofia non era affatto noioso.

«In quell'opera, la razza umana è nient'altro che un ponte tra gli animali e il superuomo stesso» continuò, aprendo il volume a una certa pagina. «Nel suo libro precedente, *La gaia scienza*...»

Risolini tra gli studenti.

«Sì, in questo contesto l'espressione si riferisce all'arte della poesia» spiegò lei senza scomporsi. «Dicevo, nella *Gaia scienza* Nietzsche scrisse: "Che cosa succederebbe se, un giorno o una notte, un demone vi si avvicinasse di soppiatto e vi dicesse: 'La vita che stai vivendo, e che hai vissuto, dovrai riviverla ancora e ancora, innumerevoli volte'?"».

Trattenni a stento uno sbadiglio. Quella mattina non ero proprio in vena. Mi misi a guardare fuori per cercare di stare sveglio.

Oltre la vetrata il cielo era coperto da nuvole basse, cariche di pioggia. Poco più sotto, la striscia verde scuro dei boschi che si stendevano a nord, oltre il parco dietro la scuola, si confondeva col profilo lontano delle montagne, all'orizzonte.

Stavano già cadendo le prime gocce contro i vetri, e subito mi venne da ripensare alla scena misteriosa che continuavo a visualizzare non più soltanto nei sogni, ma anche da sveglio.

Quella scena sotto la pioggia si ripeteva sempre identica, come un eterno replay, come se... come se stessi *rivivendo* un'esperienza della mia vita passata.

Ma non avevo mai vissuto niente di simile. Di questo ero sicuro. O no?

«"Non vi gettereste a terra digrignando i denti, e maledicendo il demone che così vi avesse parlato?"» lesse ancora la prof, iniziando a camminare lungo la fila di banchi a sinistra, nella mia direzione. «"O forse vi è capitato di sperimentare un qualche incredibile momento nel quale gli avreste risposto: 'Tu sei un dio, e io non ho mai ascoltato parole più colme di divinità'."»

Pronunciando quell'ultima frase, si fermò a pochi passi da me, alzò gli occhi dal libro e mi fissò. Ma il suo viso era diverso. Era *cambiato*.

Al posto dei tratti dolci e rassicuranti della prof di filosofia, c'era la maschera vuota, coperta di sangue, della donna bionda che giaceva morta sull'asfalto.

Di *quella* donna.

Lisa.

Le sue labbra si muovevano, ma dalla bocca usciva la voce di un uomo.

Di qualcuno che diceva: *Questa non ce l'ha fatta*.

Feci un salto indietro sulla sedia, gridando terrorizzato alla vista del sangue che sgorgava orribilmente dalle ferite, dei bulbi oculari biancastri rivolti all'interno del cranio.

«Vattene!» urlai. «Stammi lontana!»

Nel mio impeto urtai il banco dietro di me, e una pila di libri si rovesciò rumorosamente sul pavimento. Mi chinai per raccoglierli con un gesto istintivo, e quando tornai ad alzare gli occhi, la donna che ora mi guardava stupefatta era di nuovo la professoressa James. Tutto era tornato normale. Niente più sangue, niente più orbite rovesciate. Niente più *Lisa*...

«Scott, che ti succede?» mi chiese, visibilmente preoccupata, tenendo ancora il libro aperto davanti a sé.

Io continuavo a guardarmi intorno ansiosamente, tra le occhiate sbalordite e le risatine dei miei compagni.

«Tu sì che sai come si tratta una donna, Scott» mi sfotté una ragazza dal banco accanto. Risata collettiva.

Ripresi il controllo un po' alla volta e mi lasciai cadere sulla sedia. Non potevo credere che nessuno avesse assistito a quella mutazione agghiacciante, ma arrivavo almeno a capire che sarebbe stato saggio non parlarne. Farmi rinchiudere in un manicomio non era la mia massima aspirazione nella vita...

Evitando gli sguardi che mi sentivo appiccicati addosso, raccolsi i libri dal pavimento e li rimisi sul banco, mormorando qualche scusa. Altre risate.

«Ok, adesso calmatevi, tutti quanti» disse la prof rivolta alla classe, richiudendo il libro con un gesto secco e riportando un po' d'ordine con il suo tono pacato ma fermo. Poi si girò di nuovo verso di me.

«Scott, ti ho fatto una domanda, vuoi rispondermi? Che cosa ti succede?»

Io rimasi con lo sguardo fisso sul banco. Sentivo la sua voce, ma le sue parole suonavano prive di senso per me in quel momento.

«D'accordo, resta pure in silenzio» riprese lei, voltandosi per tornare alla cattedra. «Ma penso che dovresti parlare con qualcuno. Per il tuo bene.»

Sentivo la sua voce, sì, ma quello che diceva non aveva nessuna importanza, perché la mia mente era lontana. Molto lontana da quella piccola classe di una scuola qualsiasi in una cittadina del Nordovest. Molto lontana da tutto, nello spazio e nel tempo. La mia mente stava vagando negli abissi della memoria, alla disperata ricerca di un ultimo appiglio a cui aggrapparsi che potesse salvarmi dalla follia.

5

«Vogliamo starcene qui zitti ancora per molto?» mi chiese il signor Sutton, psicologo dell'istituto. «O hai intenzione di dirmi qualcosa?»

Lo guardai senza parlare, seduto di fronte alla sua scrivania. Alla fine di quella lezione così turbolenta, ero stato convocato nel suo ufficio per il gentile interessamento della prof di filosofia.

Non era la mia prima volta, in quel bugigattolo occupato da schedari zeppi di cartelle personali su noi studenti. Già in un paio di occasioni mi ero ritrovato davanti alla sua testa pelata e a quegli occhietti appuntiti che cercavano di scrutarti dentro. Era stato quando mi era capitato di dare di matto dopo qualche scherzo troppo pesante subito da parte dei soliti noti. Lui si era sempre mostrato molto "comprensivo", per "la tua situazione a casa", per "la mancanza di tuo padre", stronzate del genere.

L'ultima volta, circa due mesi prima, ero talmente disperato che gli avevo raccontato degli strani sogni che facevo, insomma mi ero abbastanza aperto. Lui mi aveva convinto a confidarmi con mia madre, e va bene, ma da allora mi avevano trasformato in una specie di vigilato speciale. Ero diventato il soggetto borderline, quello da tenere d'occhio e, certo, tutte queste attenzioni non mi avevano fatto guadagnare popolarità fra i miei coetanei... Be', stavolta non mi sarei lasciato fregare di nuovo.

Perciò me ne stavo muto, affondato nella poltroncina, a fissarmi la punta delle scarpe. In sottofondo, un orologio a parete ticchettava sommessamente.

«Speravo che avessimo superato questa fase» riprese Sutton, aggiustandosi il ridicolo cravattino a farfalla che mi impediva di prenderlo troppo sul serio. «Fai ancora quei sogni, Scott? Puoi dirmelo, sono qui per aiutarti.»

Mi sentii avvampare, ma mi controllai e non ebbi la minima reazione. C'ero già cascato una volta, in quel giochetto.

«Non ti sto giudicando, sai. Vorrei solo sapere come ti senti, che cosa provi.»

Una pausa. Cambiò posizione sulla sua megapoltrona presidenziale, fin troppo grande per lui. Forse era un po' a disagio, oppure era semplicemente stufo.

«Cosa è successo oggi, in classe? La professoressa James dice che all'improvviso durante la lezione ti sei messo a urlare come un pazzo, come se avessi avuto un'allucinazione...»

«È stato solo un brutto sogno a occhi aperti» risposi seccamente. Addio buoni propositi, mi ero lasciato trascinare ancora una volta sul suo terreno.

«Ok, il fatto che abbiamo riallacciato la comunicazione è già un buon risultato» disse con un sorriso. Si sporse in avanti, posando i gomiti sulla scrivania e il mento sulle mani unite. «Hai ancora quelle visioni dominate dalla paura dell'acqua?»

Annuii, tornando a fissarmi le scarpe.

«Nient'altro? Qualche elemento in più, diverso dal solito?»

Scossi la testa. Intendevo concedergli il meno possibile.

«Ok, ok» disse Sutton, con l'aria di non voler insistere. «E dimmi, come sta tua madre?»

Alzai gli occhi e lo guardai storto: «Che c'entra mia madre?».

«Era solo una domanda, Scott.»

Feci una risatina sarcastica e tornai a guardare in basso, senza rispondere. Non volevo incrociare il suo sguardo, avevo la sensazione che potesse scavarmi in profondità e arrivare a leggermi dentro più di quanto avrei voluto permettergli.

«Hai difficoltà a dormire?» provò a chiedermi, ottenendo sempre lo stesso risultato.

Ostentò un lungo sospiro. Era una mia impressione o si stava per caso irritando? Strano, perché dovevano capitargliene spesso, di "ragazzi difficili" come me, nel suo mestiere.

«Senti, Scott» continuò «succede a ognuno di noi di passare un brutto momento, di tanto in tanto. Tutti ci sentiamo estranei, tutti ci sentiamo soli. Abbandonati, o diversi. Ma non dura per sempre, anche lo stato d'animo peggiore passa, prima o poi. Però non cambierà mai se continui a rimuovere il problema, a innalzare queste barriere tra te e tutto ciò che ti circonda. Non lo supererai mai...»

«Non è così semplice» lo interruppi. «Come si sentirebbe lei a vedersi sputt... a vedersi ridicolizzato con una foto "imbarazzante" condivisa in rete, trattato ogni santo giorno come una specie di essere inferiore e deriso da tutti? Che cosa dovrei *fare*, secondo lei, per liberarmi da questa persecuzione senza fine?»

Esitò un attimo, colpito dal mio sfogo. «Be', ti suggerirei di uscire dal tuo guscio, e vivere la tua vita» rispose. «Dovresti farti dei nuovi amici, e soprattutto ricordarti sempre che quegli stessi ragazzi che ti prendono in giro sono pieni di problemi quanto te... No, pieni di problemi non è l'espressione giusta. Confusi, ecco. Sono confusi e spaventati come te. La differenza è che reagiscono a questo smarrimento in un altro modo.»

Fece una pausa.

«Sai qual è la verità? Che abbiamo tutti gli stessi bisogni, proviamo tutti le stesse emozioni, e le stesse paure. Il punto è come le affrontiamo. Capisci quello che sto cercando di dirti?»

Sì, avevo capito fin troppo bene. Tante belle parole, ma alla fine la sostanza era che dovevo cavarmela da solo. Lo guardai con l'espressione più indisponente che mi riuscì di confezionare.

«Ha finito? Posso andare?» mi limitai a chiedere.

Sutton mi autorizzò con un gesto sfiduciato, abbandonandosi contro lo schienale della poltrona. Uscii dall'ufficio, non prima di averlo salutato e ringraziato con cortesia esagerata. Che ci si strozzasse, con quella sua parlantina!

Mi avviai per il corridoio ancor più depresso e incavolato di prima, e con un tremendo senso di claustrofobia che mi prendeva alla gola. Mi sembrava quasi che le pareti si curvassero su di me, schiacciandomi e soffocandomi, e che gli sguardi di tutti i ragazzi che incrociavo fossero puntati su di me con un'espressione cauta e diffidente.

Quando arrivai in zona armadietti, incappai in un paio di miei compagni di classe che avevano ancora voglia di divertirsi alle mie spalle. Per fortuna non c'era Chad Jennings nei paraggi, altrimenti avrei potuto spaccargli la faccia.

«"Stai lontana da me!"» esclamò uno dei due facendo un balzo indietro, e scimmiottandomi con la voce in falsetto.

L'altro rise. Cercai di ignorarli e raggiunsi il mio armadietto. Tirai fuori i libri per la lezione successiva.

«Sei stato dal tuo strizzacervelli, eh, Norman Bates?» insistette il primo, venendomi vicino.

«Va' a farti fottere» mormorai tra i denti, e richiusi bruscamente l'anta dell'armadietto.

«Ehi, è con quella boccuccia che ti baci con tua madre?» fece il secondo, avvicinandosi dall'altro lato per mettermi in mezzo.

Non so che cosa scattò dentro di me, in quel preciso momento. C'era tanta rabbia che in qualche modo doveva pur sfogarsi. Fatto sta che all'improvviso, mentre me ne stavo immobile lì davanti all'armadietto, cacciai un urlo strozzato e sferrai un pugno contro l'anta con tutta la forza di cui ero capace, facendola incurvare all'interno. Ci fu un attimo di silenzio in cui nessuno di noi pareva credere ai propri occhi. La violenza della mia reazione era stata tale, e così inaspettata, che non so chi fosse rimasto più a bocca aperta dallo stupore, se io o quei due idioti. Poi loro si fecero una risata, ma intanto si erano allontanati di qualche passo da me.

«Mason, sei davvero fuori di testa!» disse uno.

«Un vero schizzato!» disse l'altro. Però non la tirarono tanto in lungo, e se ne andarono lasciandomi in pace.

Per un verso era un sollievo, la prossima volta ci avrebbero pensato bene, prima di venire a scocciarmi. D'altra parte significava che tutti avrebbero finito per considerarmi una specie di psicopatico a piede libero, uno che poteva anche diventare pericoloso. E a quel punto anche i brutti tiri ai miei danni, per quanto pesanti, si sarebbero potuti trasformare in qualcosa di più serio...

Me ne stavo da qualche secondo in piedi davanti al mio armadietto ammaccato, cercando di calmarmi e di riflettere a mente fredda, quando arrivò Barbara. Fece un rapido cambio di libri, richiuse e tornò subito sui suoi passi. Poi si fermò e si girò a guardarmi di sfuggita.

«Non male come diretto» disse, e se ne andò.

6

Immagini sfocate di un uomo e una donna che fanno sesso. Il volto di lei è indistinguibile... poi si modifica lentamente... assume lineamenti già visti...

È Lisa.

«Mark...» sussurra.

Sobbalzai sul sedile, tornando di colpo alla realtà. Mi guardai intorno.

Ero sullo scuolabus che mi riportava verso casa, nel tardo pomeriggio. Nessuno faceva caso a me, gli altri ragazzi erano tutti occupati ad ascoltare musica o a postare e messaggiare sui loro smartphone, o tutt'e due le cose insieme.

Mi stavo preoccupando seriamente. Mentre all'inizio le visioni si presentavano durante il sonno, ormai mi succedeva sempre più di frequente di staccarmi dalla realtà, per finire risucchiato dentro quei sogni a occhi aperti ricorrenti. E ogni volta era come se mi si svelasse un dettaglio in più di un quadro gigantesco che non riuscivo a vedere per intero.

Stava emergendo sempre più spesso la figura della donna morta nell'incidente. *Lisa*. C'era un significato, nelle sue apparizioni a volte così truculente, grondanti di sangue, e a volte invece quasi romantiche, nelle scene con *Mark*?

Era un simbolo, o qualcosa del genere? Era il mio subconscio che mi riproponeva trasfigurato qualche evento del passato, oppure che mi metteva in guardia da un pericolo?

E poi, se quelle irruzioni del sogno nella realtà fossero continuate a quel ritmo, quale sarebbe stato il prossimo stadio? Magari... finirci dentro per davvero? Diventare parte di *un'altra* realtà?

Rabbrividii, e mi misi a guardare fuori dal finestrino. Anche se era ancora presto, il cielo coperto aveva fatto sparire quasi ogni traccia di sole, e il crepuscolo stava calando in anticipo. C'era una luce strana, in giro. L'illuminazione stradale era ancora spenta, eppure era come se la città brillasse tutta di un riverbero magico, un luccichio da incantesimo... Sorrisi tra me e me. Stavo decisamente lasciando troppo spazio all'immaginazione. E mi andava ancora bene. Cosa sarebbe successo quando non fossi più stato in grado di distinguere i due piani?

Tornai a guardare fuori, e intravidi sul marciapiede Barbara che camminava a passo deciso, stava andando a casa. Allungai meccanicamente una mano e pigiai il pulsante di prenotazione della fermata. Poco dopo il bus si fermò e io scesi. Barbara mi aveva visto e veniva verso di me. L'aspettai lì, un po' teso, incerto su come comportarmi. Non era una tipa che facilitasse molto gli approcci, lei. Ma dopotutto pensai che anch'io ero così, se non peggio.

«Ciao» le dissi quando arrivò all'altezza della fermata.

Lei proseguì senza badarmi, lasciandomi lì impalato. Si voltò soltanto dopo una cinquantina di metri.

«Ti serve un invito formale?» mi chiese, in tono di compatimento. Poi si girò di nuovo e riprese a camminare, però più lentamente, per darmi modo di raggiungerla. Io le corsi dietro e mi misi a camminare di fianco a lei. Andammo avanti così, in silenzio, per un po'.

«Ehm, stai andando a casa?» buttai lì impacciato. «Ti va se ti accompagno?»

«Lo stai già facendo, mi pare» disse, dandomi appena un'occhiata e scuotendo la testa. Mi sembrò che si sforzasse di non sorridere.

«Scusa, questa era davvero patetica» riprovai, iniziando a sudare. Dentro il giubbotto era come stare in un forno. «Il fatto è che non sono molto bravo a... a parlare con le ragazze, ecco. Con te, invece... Le altre ragazze a scuola non le vedo neanche, mentre tu... be', è impossibile non notarti.»

«Ah, davvero?» fece in tono lugubre. E mi resi conto immediatamente di essermi spinto su una china pericolosa.

«Ehi, non intendevo...» mi corressi, ormai in preda al panico. «Non intendevo dire che sei *grossa*, cioè che ti si nota per la stazza o qualcosa del genere... ma nel senso che sei un tipo che...»

«Va bene, va bene» ebbe finalmente pietà di me, ridendo. «Ho capito cosa intendevi dire.»

Risi anch'io, sospirando di sollievo per la fine di quel calvario. Camminammo ancora un po', e la mia nuova amica propose di accorciare il percorso tagliando attraverso il parco. Mi sentivo davvero bene, con lei.

«Io mi chiamo Scott» dissi, avendo ormai preso coraggio, mentre attraversavamo il parco pubblico non lontano dalla scuola. Avevano appena acceso i lampioni lungo i viottoli pieni di verde intorno, e forse c'era davvero un che di magico in quel tardo pomeriggio di marzo. C'erano anche molti altri ragazzi, seduti sull'erba o a passeggiare tra gli alberi, sebbene facesse abbastanza freddo.

«Lo so» rispose.

«Barbara, giusto?»

«Indovinato.»

Mentre passavamo davanti a un gruppetto di ragazzi e ragazze che stazionavano su un prato, qualcuno ci riconobbe.

«Wow, fantastico, i due schizoidi innamorati!» esclamò una ragazza, indicandoci ai suoi amici. Tra cui, lo notai subito, c'era anche Chad. Avrei voluto seppellirmi lì, nell'erba. Tutti i miei istinti bellicosi della mattina erano ormai un ricordo, in quel momento.

Barbara, senza il minimo preavviso, tornò indietro e si piantò davanti alla ragazza.

«Schizoidi, hai detto?» la apostrofò. «Tu hai la faccia arancione e porti un maglione rosa. Non vedi che fanno a pugni?»

«Ehi, non ci servono consigli sulla moda da una che sembra uscita da un incidente stradale col suo ragazzo ritardato!» si fece avanti Chad Jennings.

L'istante successivo, prima che il mio cervello potesse elaborare una qualunque reazione, il pugno di Barbara lo centrò in pieno viso mandandolo al tappeto.

«E già che ci siamo» disse lei gelida, indicando il sangue che gli sprizzava dalle narici «il rosso s'intona male con quella maglia.»

Poi girò i tacchi e riprese a camminare, mentre la ragazza si chinava scioccata a soccorrere Chad. Io ero rimasto senza parole, e dagli sguardi dei presenti mi accorsi di essere dove non avrei dovuto. Allora mi affrettai a raggiungere la mia nuova amica e adesso anche guardia del corpo...

«Santo cielo, non posso credere che tu l'abbia fatto davvero!» le dissi, travolto dall'entusiasmo. «È stato uno sballo. Nessuno aveva mai preso le mie difese in quel modo, prima.»

«Chi ti dice che l'ho fatto per te?»

La guardai incerto, non era facile capire quando scherzava oppure no. Lei si sciolse in un sorriso.

«Però stammi a sentire» aggiunse. «Solo perché ti ho difeso non vuol dire che faremo sesso, ok?»

«Ma io...»

«Sto scherzando, Scott.»

«Quindi... vuoi dire che faremo sesso?»

«Ritardato» mi sfotté lei.

«Vittima della strada.»

Barbara rise con aria spensierata. Intanto continuavamo a camminare, ormai totalmente a nostro agio. Usciti dal parco, in pochi minuti arrivammo a casa sua. Non immaginavo che mi sarei trovato davanti una vera e propria villa. Su due livelli, piena di vetrate, con una veranda molto grande sulla destra, a pianterreno, e un'altra che occupava parte del piano superiore. Doveva essere molto luminosa, di giorno. Un cancello dall'aspetto tecnologico, un'auto di lusso all'interno del giardino recintato. Insomma, la famiglia di Barbara sembrava tutto il contrario di quel che ci si poteva aspettare da un tipo come lei.

«Vuoi entrare?» mi chiese, fermandosi al cancello. Mi sembrò quasi che avesse intuito il mio stupore, e che un po' si vergognasse dell'impressione che potevo farmi di lei.

«No, mia madre mi aspetta a cena» dissi io, sorridendo un po' intimidito. «Se vuoi, però, domani...»

La frase e il sorriso mi si smorzarono sulle labbra. C'era qualcuno, all'altro lato della strada, qualcuno che ci stava osservando. L'avevo notato spostando appena lo sguardo. Era un uomo di colore, alto e ben piantato, con un abito bianco, che se ne stava lì immobile alla luce fioca del tramonto come una silhouette applicata sul fondale alberato, come se *non c'entrasse* con il resto...

E guardava fisso proprio verso di noi, intensamente.

Guardava *me*.

«Domani... che cosa?» mi fece Barbara, scrutandomi senza capire. «Che succede?»

«Niente, è solo che...» dissi, distogliendo gli occhi da quell'uomo soltanto per una frazione di secondo, ma quando tornai a guardare era scomparso. Controllai lungo la strada, da una parte e dall'altra. Solo due o tre passanti, una tizia in bicicletta e qualche auto. Nessuna traccia di lui. Non si era allontanato, e non si era nascosto, non ne avrebbe avuto il tempo. Semplicemente, un attimo prima era lì, e l'attimo dopo non c'era più.

«Niente, non è niente» ripetei a Barbara, un po' stordito. «Allora ci vediamo domani a scuola?»

«Sì, certo, a domani» disse lei, e mi diede un'ultima occhiata perplessa mentre me ne andavo in fretta, voltandomi indietro come se avessi visto un fantasma.

7

Rientrai a casa che era già buio da un po', dopo essermene andato in giro per le strade a schiarirmi le idee. Avevo i nervi a fior di pelle. Vedere quell'uomo davanti a casa di Barbara era stato come assistere a un'apparizione soprannaturale, anche se non avevo un motivo vero e proprio per pensarlo. Era stata ben più di una vaga sensazione, come se sapessi con certezza che era venuto lì per me.

E il suo sguardo così fisso, così *diretto*, mi aveva messo in corpo un'agitazione terribile. Mi era sembrato che in quel modo volesse farmi capire che di me conosceva tutto. Mentre io lo vedevo per la prima volta... o forse no? Ecco, il risultato di tutti quei fenomeni inspiegabili che stavano succedendo era che non mi sentivo più sicuro di nulla. Neppure di quel che mi dicevano i miei occhi, o di quello che ricordava la mia memoria.

Non ero più sicuro nemmeno di chi fossi veramente!

Entrai in casa. Nel nostro piccolo soggiorno la luce era spenta. I fari di un'auto che passava si rifletterono per un attimo sulla libreria a vetri di mia madre, traboccante di libri in perenne disordine. Da quando aveva accettato di fare tutti gli straordinari all'ospedale per arrotondare, non riusciva più a trovare il tempo per leggere, la sua grande passione. Ero stupito che non fosse ancora tornata. Quando le cambiavano il turno all'ultimo momento, non dimenticava mai di mandarmi almeno un SMS. Andai in cucina.

«Mamma?» chiamai, accendendo la luce.

Nessuno. Tornai in corridoio e mi avvicinai alle scale.

«Mamma?»

Dal piano di sopra nessuna risposta.

Ripassai in cucina e misi delle polpette a riscaldare nel microonde. Provai a chiamare mia madre: cellulare spento. Forse mi stavo preoccupando per niente, magari aveva incontrato il suo damerino e si era attardata per un drink. Mi misi a mangiare da solo, svogliatamente. Non sapere dove fosse mia madre, anche solo per un paio d'ore, mi metteva ansia. C'era qualcosa di patologico, sicuramente, che aveva radici lontane, profonde. Certo che la coincidenza con la comparsa di quel tizio in bianco non era proprio tranquillizzante...

Ridacchiai, pensando che sarebbe stato divertente raccontare anche quell'ultima novità al signor Sutton. Un invito a nozze, per quelli come lui.

Il mio cellulare vibrò. Lo afferrai dal tavolo, convinto di trovare un messaggio di mamma.

No, il mittente era un numero che non conoscevo.

ECCO IL MIO NUMERO, RITARDATO : O)

Sorrisi e lo salvai nella memoria del telefono. Il pensiero di Barbara mi fece sentire bene, ero sinceramente felice che in quel momento avesse pensato a me. Poi alzai gli occhi e...

Feci un salto sulla sedia trovandomi di fronte una donna, in piedi accanto al tavolo!

Mia madre...

«Ehi, che ti prende?» fece lei.

«Cavolo, che spavento...» dissi senza fiato.

Tirai un gran respiro e mi rimisi a sedere. Avevo ormai una tale paura di rivedere il volto sfigurato della donna di nome Lisa, che me lo immaginavo anche quando non c'era...

«Ma non mi hai sentito entrare? Ti ho anche chiamato» disse Kiara.

«No, non avevo sentito» risposi. «Potevi avvertire che tardavi, però.»

«Avevo il telefono scarico» spiegò lei distrattamente, tirando fuori dal frigo un contenitore pieno di Caesar salad.

«Tu ti sei già arrangiato? Hai fatto bene. Mi ero fermata lungo la strada per un paio di commissioni...» Si sedette a mangiare. «E tu, com'è andata oggi a scuola?»

«Niente di straordinario.»

Me ne stavo lì a guardarla, senza voler confessare a me stesso quanto fossi contento di vederla a casa sana e salva. Lei si accorse subito che c'era qualcosa, dato che di solito schizzavo via da tavola appena finito l'ultimo boccone.

«Va tutto bene?» mi fece.

«Mamma, dovrei parlarti di una cosa importante...» cominciai d'istinto. Non so perché, mi era sembrato uno di quei momenti unici e irripetibili in cui devi assolutamente dire qualcosa che ti sta a cuore, oppure tacere per sempre.

«Certo, di che si tratta?» disse, smettendo di mangiare per offrirmi tutta la sua attenzione.

«Be', ecco, non è un argomento facile per me... Ricordi quando tempo fa ti dicevo che mi sentivo... un'altra persona?»

Si afflosciò su se stessa. Tutta la sua disponibilità ad ascoltarmi si era dissolta in un nanosecondo.

«Ancora con questa storia?» reagì. «Lo sai che non mi piace sentirti parlare di cose del genere.»

«Sta diventando sempre peggio.»

«È un discorso che abbiamo già fatto.» Riprese a mangiare nervosamente la sua insalata. «Ti ripeto che tutte quelle tue... visioni sono solo il frutto della tua immaginazione. Fantasie.»

Abbassai gli occhi. Ero senza speranza. Nessuno mi avrebbe mai capito.

«I tuoi insegnanti pensano che tu non sia a posto» continuò Kiara, posando di nuovo la forchetta per poter sottolineare le sue parole puntandomi contro un dito. «I tuoi amici pensano che tu non sia a posto... cioè, lo penserebbero se tu avessi degli amici. E, sai, sto cominciando anch'io a pensare che tu non sia a posto!»

Scattai in piedi, ferito dalla sua durezza.

«Mamma, io non sono Scott Mason... sono qualcun altro!» gridai. «Dev'essere per forza così. In questi giorni continuo a vedere delle cose. Cose brutte!»

Mi misi a camminare su e giù per la cucina, agitandomi sempre di più.

«Di cosa stai parlando?» chiese lei in tono preoccupato. «C'è qualcosa d'altro, a parte quei... quei tuoi sogni?»

«C'è molto altro, c'è molto altro» risposi esasperato.

Ancora un po' e mi sarei strappato i capelli, avrei sbattuto la testa contro il muro, se fosse servito a rendere più credibile quello che cercavo di comunicarle. Si alzò in piedi e provò a venirmi vicino.

«Scott, forse dovremmo andare dal dottor Weinstein...» disse.

«Mamma, non mi serve un dannato dottore!» la respinsi. «Sto bene!»

«Davvero? Questo lo chiami "sentirsi bene"?» alzò la voce anche lei. «È da troppo tempo che continui a parlare di queste cose, e penso che dovremmo consultare qualcuno. Se non vuoi andare da uno specialista, almeno senti cosa ti dice il signor Sutton, lui...»

«Buono, quello!» esclamai. «Ho già avuto il piacere stamattina, lascia perdere.»

Rimase sorpresa. «Come mai ha voluto vederti?» mi chiese. «È successo qualcosa?»

«Niente, non preoccuparti» tagliai corto. «Un piccolo incidente in classe, durante la lezione di filosofia.»

«Ah» fece, lasciando cadere la questione. Ma probabilmente avrebbe chiamato la scuola per informarsi. «Allora potresti parlarne... magari con tuo padre.»

«Ottima idea, stasera fai faville» ribattei, scaldandomi sempre di più. «Non si ricorderà nemmeno come mi chiamo!»

«Non dire così.»

«Ok, allora non dirò più niente! Sei contenta?»

E uscii di corsa dalla cucina, sbattendomi la porta alle spalle. Mentre salivo le scale per andare a rinchiudermi in camera mi resi conto una volta per tutte che, se avessi voluto scoprire la verità su me stesso, su quello che mi stava capitando, sarei stato solo contro tutti. Solo contro il mondo intero.

8

Mark è all'interno di un grande tunnel di vetro. Una lunga fila di persone è in cammino verso una luce molto intensa. Accanto a ogni persona c'è una figura imponente, solenne, che la accompagna a una destinazione sconosciuta. Mark si sente come se si fosse svegliato da un brutto sogno.

Ha la vista appannata, tutto ciò che lo circonda gli appare sfocato, indistinto. Al punto che non riesce a vedere con chiarezza che cosa stia succedendo e dove si trovi.

Poi sente una voce.

«Ciao, Mark.»

È la voce della figura che gli sta accanto, camminando al suo fianco in quella lenta processione.

«Io sono la tua Guida.»

9

Mi svegliai di soprassalto, in un bagno di sudore. Ero acciambellato sul divano della mia stanza. Fuori era già mattino inoltrato, cadeva una pioggia leggera. Guardai l'ora sul cellulare: le undici.

A scuola non c'ero andato, non me l'ero proprio sentita. Kiara, quando era salita a chiamarmi, non aveva insistito più di tanto vedendomi così giù. Si era anzi scusata per le parole forti della sera prima, ma non ce l'avevo con lei. Potevo immaginare quello che provava, vedendomi stare tanto male. Le avevo promesso di farle uno squillo più tardi.

Poi dovevo essermi addormentato, e avevo sognato. Avevo sognato quel posto incredibile, tutto di cristallo, e quella gente che camminava in fila, e la luce in fondo che non sapevo cosa potesse significare... Ma la cosa più strana era che il protagonista del sogno era sempre quel *Mark*. Lo stesso che nelle mie visioni fuggiva dalla polizia a bordo della sua Ferrari, sotto la pioggia torrenziale, per andare a schiantarsi in fondo a un burrone...

Mi guardai intorno. La mia camera di sempre. Lì dentro c'era tutta la mia vita passata. Le custodie dei videogiochi impilate in un angolo, i poster dell'NBA appesi sopra la scrivania, un paio di PC dismessi che mi ero divertito a smontare, perfino le vecchie scatole di Lego infilate sotto il letto, tutte cose per le quali avevo via via perso interesse.

Quel piccolo guscio era davvero una mia proiezione? Raccontava la storia di Scott Mason, cioè del sottoscritto? Stavo cominciando ad avere dei dubbi. Come quando uno inizia a sospettare di essere stato adottato, e tutto quello che lo circonda si rivela una totale finzione. Ecco, una cosa del genere. Avevo paura che, guardandomi un giorno o l'altro allo specchio, avrei visto una faccia che non era la mia. Per esempio quella di... Mark?

Venivano i brividi solo a pensarci. Mi scrollai di dosso quella brutta sensazione e decisi di chiamare mia madre prima di dimenticarmene. Mi sollevai su un gomito, allungando la mano verso il cellulare posato sul tavolino accanto al divano.

«Ehi, che diavolo...?!» esclamai.

Il cellulare, sul tavolino, si era spostato verso di me di qualche centimetro. Senza che lo avessi nemmeno sfiorato!

Avevo decisamente le allucinazioni...

Tirai indietro la mano, esaminandola come se l'avessi avvicinata a una fiamma e mi fossi scottato. Sembrava normale. Mi presi una pausa, cercando di riflettere. Nel caso migliore, erano i postumi del sonno profondo in cui ero crollato. Mi ero appena svegliato e il mio cervello non si era ancora rimesso in moto. Nel caso peggiore, stavo dando i numeri.

Magari ero affetto da qualche orribile malattia, una febbre cerebrale fulminante che non ti lasciava scampo riducendoti a un pazzoide delirante... Aspettai un paio di minuti per accertarmi di essere ben sveglio e cosciente, poi ritentai, allungando timoroso la mano verso il tavolino. Il cellulare mi schizzò fra le dita come se fosse stato attratto da un magnete potentissimo.

«Ma che succede?» mormorai. Adesso avevo paura *sul serio*.

Mi alzai dal divano, continuando a fissare il telefono che tenevo stretto nella mano. All'improvviso partì uno squillo della suoneria, io cacciai un urlo e lasciai cadere in terra il cellulare.

Sbirciai il display a distanza di sicurezza: era Barbara. Allora lo raccolsi con cautela, come se stessi maneggiando un ordigno esplosivo, e premetti il tasto di risposta.

«Ciao, ritardato» disse lei. «Com'è che oggi a scuola non ti ho visto? Tutto bene?»

Io rimasi zitto, ero ancora stordito dal fenomeno paranormale a cui avevo appena assistito.

«Ehi, Scott, ci sei?»

«Sì, scusa» dissi «è che... no, niente, non farci caso.»

«Allora, com'è che non sei venuto? Cosa stai facendo?»

«Niente di particolare, non mi sentivo troppo bene.»

«Ah, mi dispiace» fece lei. «In realtà ti ho chiamato perché mio fratello Chris stasera dà una festa, a casa. Sai, i nostri genitori sono fuori città per qualche giorno. Mi chiedevo se ti andasse di fare un salto, ma se non te la senti...»

«No, no, mi andrebbe eccome, se...»

Mi interruppi. Mentre parlavo con Barbara mi ero distrattamente avvicinato alla finestra, e avevo visto qualcosa.

Avevo visto *qualcuno* che non doveva essere lì.

«Ti andrebbe se...?» mi chiese lei, al telefono. «Scott, ti ha mai detto nessuno che non è facile avere una conversazione con te?»

Non risposi. Stavo fissando l'uomo di colore che dalla strada, in piedi accanto al nostro cancelletto d'ingresso, stava fissando me.

Lo stesso uomo che avevo visto il giorno prima. Se ne stava lì immobile nel suo abito bianco, sotto la pioggia, a guardare verso la mia finestra. E sembrava che la pioggia *non lo bagnasse.*

Distolsi lo sguardo per un istante, il tempo di tirare la tendina e poter vedere senza essere visto, ma quando tornai a guardare fuori l'uomo era scomparso.

Dove si trovava un attimo prima, ora c'erano soltanto il cancelletto metallico e la cassetta delle lettere su cui picchiettavano le gocce di pioggia.

«Scott, sei ancora lì?»

«Sì, scusami, Barbara...» risposi, faticando a concentrarmi sulla telefonata. «Cosa stavi dicendo?»

«Sei proprio sicuro di stare bene, ritardato? Comincio a preoccuparmi.»

«No, cioè sì, sto bene...» Risi un po' forzatamente, allontanandomi dalla finestra. «Senti, mi piacerebbe molto venire alla festa.»

«Ok, allora ti aspettiamo» disse lei. «Un'altra cosa. Solo perché ti ho invitato a una festa, non vuol dire che faremo sesso.»

«Ma guarda che io...»

«Sto scherzando.»

«Lo so.»

«A stasera.»

Chiusi la telefonata e posai il cellulare sul tavolino. Avevo le mani che mi tremavano. Le allucinazioni erano state addirittura due, una dopo l'altra, il che significava che stavo peggiorando rapidamente. Prima mi ero immaginato di poter muovere gli oggetti con la forza del pensiero, tipo supereroe, e adesso mi ero immaginato di vedere per la seconda volta una specie di fantasma che mi faceva da angelo custode, trovandosi sempre dove mi trovavo io...

Che fosse davvero venuto il momento di parlarne con qualcuno? Se mi ficcavo in testa di avere dei "poteri" di qualche genere, la cosa sarebbe potuta diventare pericolosa anche per la mia incolumità. Tipo il protagonista di *Chronicle*...

Poi, d'istinto, feci due passi indietro e allungai una mano verso il cellulare, provando ad attirarlo senza toccarlo com'era successo prima. Giusto per dimostrare che me l'ero proprio sognato...

Il telefono mi volò in mano, di nuovo.

Lo osservai stranito, rigirandolo fra le dita. Non sapevo se farmela sotto dalla paura oppure sentirmi già un collega degli X-Men.

«Sarà anche tutta una pazzia» dissi a voce alta, sorridendo «ma non mi dispiace.»

10

Quella sera, quando arrivai alla villa dei Fitz intorno alle dieci, il party stava andando alla grande. C'erano un sacco di ragazzi e ragazze sulla veranda laterale, la musica dance giungeva fino in strada. Nel prato davanti all'ingresso auto parcheggiate un po' dappertutto, molte di lusso. Era chiaro che la famiglia di Barbara faceva parte di un ambiente sociale molto lontano dal mio, e questo un po' mi metteva a disagio.

Suonai il campanello e venne ad aprirmi un ragazzo biondo con una birra in mano. Doveva avere sui diciannove, vent'anni. Aria da surfista, occhio un po' appannato. Dietro di lui pulsava il ritmo trascinante della festa.

«E tu chi cazzo saresti?» mi fece, guardandomi appena.

«Ehi, Chris» gli si avvicinò un mio compagno di classe, tirandosi dietro la sua ragazza «hai invitato anche Frodo Baggins?»

Il fratello di Barbara ridacchiò, buttò giù un sorso di birra, poi tornò serio guardando me. «Ti serve qualcosa, piccolo?»

«Io sono... sono Scott» risposi intimidito.

«Chi? Ma lo sa tua madre che sei fuori a quest'ora?»

Chris rise insieme agli altri due, senza lasciarmi entrare. Se ne stavano tutti e tre lì sulla soglia a impedirmi il passaggio.

«È proprio carino» disse la ragazza, squadrandomi con aria di commiserazione.

«Sicuro di non aver sbagliato indirizzo, piccolo?» mi chiese Chris.

Stavo per battere vergognosamente in ritirata, quando per fortuna vidi, alle spalle del trio che mi sbarrava la strada, Barbara che si faceva largo tra gli ospiti. Stava arrivando la cavalleria! Si infilò senza tanti complimenti tra suo fratello e la coppia di stronzi e mi baciò sulla bocca... Un bacio *vero*, appassionato, non un bacetto di quelli con cui si saluta un amico. Io rimasi di sasso, sul momento, poi ricambiai con altrettanta passione.

«Ehi, Barbara, cosa...» protestò Chris.

Lei staccò le labbra dalle mie e mi guardò intensamente.

Il mio compagno e la sua ragazza se ne tornarono dentro, delusi che il divertimento fosse finito. Chris aveva perso la voglia di ridere ancora più di loro.

«Togliti dalla testa mia sorella» disse, puntandomi contro la bottiglia di birra. «Non è roba per te.»

Mi diede un'ultima occhiata torva, poi si rituffò nella sua festa. Io non avevo saputo cosa ribattere. Me ne stavo lì un po' frastornato, mentre Barbara era alticcia ma comunque in sé.

Mi sorrise. «Be', ciao» disse.

«Ciao.»

Mi prese per mano e mi portò dentro, nell'ambiente immerso in una penombra spazzata dalle luci stroboscopiche.

La grande sala che occupava tutto il pianterreno era invasa da almeno una cinquantina di persone. Ballavano quasi tutti, da soli o a coppie. Alcuni se ne stavano a bere e a chiacchierare sulle scale o lungo le pareti ai margini della pista, altri stavano salendo per imbucarsi in qualche camera. Su dei tavolini c'erano bottiglie di birra e superalcolici, molte già vuote. Sul lato opposto, in fondo, c'era la console del DJ che mandava la playlist della serata.

Barbara recuperò un paio di birre e mi guidò subito su per le scale. Si girò a strizzarmi l'occhio passando di fianco a un ragazzo e una ragazza che si baciavano. Mi fece entrare in camera sua e chiuse la porta, lasciando fuori il rimbombo sordo della cassa in quattro.

La stanza era uno strano mix che non mi sarei immaginato. Qualche poster di rockband alle pareti, un paio di Vans nere abbandonate davanti al guardaroba, in un angolo dei bastoncini d'incenso che spandevano un profumo dolciastro. Oltre al divano, un letto a baldacchino con le lenzuola disfatte.

Non sapendo bene come comportarmi, mi sedetti sul divano. Barbara mi allungò la birra e si sedette accanto a me.

La TV era accesa, senza audio. Un episodio di una serie cartoon.

«Guardi "I griffin"?» le chiesi.

Alzò le spalle, un po' come dire che la TV era tutta una stronzata. Quel che pensavo anch'io.

«Ti sei già ubriacato prima di stasera, vero?» mi fece, come per un dubbio improvviso.

«Certo, un sacco di volte...» risposi cercando di darmi un tono.

«Ok, ok» rise. «Non penserò che sei un tipo strano, promesso.»

«Tu lo pensi già. È per questo che ti piaccio» azzardai.

«Chi ha detto che mi piaci?»

Mi sorrise, si sporse in avanti e mi baciò ancora, dolcemente, a lungo. Io mi sentivo percorso da un'ondata di calore, dalla punta dei piedi alla radice dei capelli. Avrei voluto che non smettesse mai. Purtroppo invece si staccò per bere un sorso.

«Adesso basta» disse «non vorrei che ti montassi la testa.»

«Voglio farti vedere una cosa» dissi io alzandomi, ormai in pieno delirio di onnipotenza. Desideravo stupirla, conquistarla con qualcosa di veramente unico e speciale. Barbara mi guardò incuriosita mentre tiravo fuori il mio telefono dalla tasca dei jeans e lo posavo su un pouf davanti al divano.

«Incredibile, sembrerebbe un cellulare» mi sfotté.

Le feci segno di aspettare con l'aria misteriosa di un prestigiatore e tornai a sedermi vicino a lei.

«E ora, *mesdames et messieurs*...» dissi in un francese penoso, imitando un qualche film visto chissà dove e chissà quando, mentre allungavo una mano verso il telefono.

Non successe niente.

Provai ancora. Il cellulare rimaneva immobile al suo posto. Eppure avrebbe dovuto mettersi a levitare come un lama tibetano, magicamente attirato dalla mia mano!

«Ehm, Scott, cosa dovrebbe succedere?» fece Barbara soffocando una risata. «È solo un cellulare...»

«Ok, te lo farò vedere un'altra volta» dissi, rimettendomelo in tasca.

Lei scoppiò a ridere vedendo che ci ero rimasto male.

«Sei proprio strano» concluse.

E mi baciò di nuovo, ancor più appassionatamente. Quando si staccò, mi avvicinò alle labbra la bottiglia di birra, invitandomi a bere.

Buttai giù un lungo sorso, perdendomi nelle profondità dei suoi occhi.

Una mezz'ora dopo ce ne tornammo al piano di sotto, facendo le scale mano nella mano. Nella sala stava andando a tutto volume *Crazy* degli Gnarls Barkley. I ritmi ora erano meno forsennati, l'atmosfera più rarefatta, per una pausa di decompressione. Eravamo completamente ubriachi, io in particolare, dopo esserci scolati due birre a testa. Mi sentivo galleggiare a mezz'aria, con un sorriso ebete stampato in faccia. Passammo accanto alla coppia di prima che si baciava appoggiata contro la parete. Forse non avevano mai smesso. Vidi la ragazza mettere una pasticca sulla lingua del ragazzo, che chiuse la bocca e la inghiottì. Poi ripresero a baciarsi.

La festa era nel suo clou, l'alcol scorreva, c'erano bottiglie e bicchieri vuoti dappertutto. Barbara mi trascinò in mezzo alla pista ricavata al centro del salone e ballammo insieme, mescolandoci alla massa di gente sudata.

In condizioni normali sarei stato impacciatissimo, mentre grazie alla birra avevo perso qualsiasi inibizione e provai a imitare le movenze di Barbara. L'effetto doveva essere ridicolo, ma non me ne fregava niente. Ero con lei, e questo bastava.

Chris passò in mezzo alla calca danzante e mi fece segno con due dita che mi teneva d'occhio. Mi misi a ridere sguaiatamente. Forse mi ero appena candidato a farmi pestare da lui e dai suoi compari, e la cosa mi provocava un'ilarità incontenibile.

«Lo sai?» mi disse Barbara all'orecchio, alzando la voce per farsi sentire. «Sei il mio ritardato preferito...»

Io risi di nuovo, totalmente fuori controllo, e quando dalla console del DJ partì un pezzo adrenalinico mi scatenai in un ballo scomposto, frenetico, agitando le braccia come un pazzo.

«Vai così, Forrest Gump!» mi gridò qualcuno.

Mi sentivo al centro dell'attenzione, ma non mi dispiaceva affatto. Era una cosa nuova, per me, sempre abituato a tenermi in disparte, a stare ben lontano dai gruppetti e dalle conventicole, a costo di essere considerato un asociale o un disadattato.

Non che la gente non mi piacesse, ma... ecco, io mi ero sempre sentito diverso dagli altri. Non dico migliore: il fatto era che a me sembravano tutte sbagliate o stupide le cose che erano importanti per gli altri. Barbara era anche lei una tipa diversa, non faceva parte del branco, era un animale solitario come me.

In fondo, però, quei cinque minuti di esibizionismo sfrenato non erano male. Mi piaceva la sensazione di ebbrezza che mi dava pensare che tutto ruotasse intorno a me... Uhm, no, a dire il vero mi sembrava che *tutta la stanza* mi girasse intorno!

Forse avevo un po' esagerato con il bere. Sapevo di reggere pochissimo l'alcol, anche se non lo avrei confessato nemmeno sotto tortura.

Ero veramente ubriaco. E felice.

A un tratto, colto da un'urgenza improvvisa, interruppi il mio ballo da dissociato.

«Devo pisciare» dissi a Barbara.

Lei non capì e glielo ripetei, più forte.

«Molto romantico» disse sorridendo, e mi indicò da che parte era il bagno.

Avanzai barcollante e disorientato. Non pensavo di essere così malfermo sulle gambe.

«Ciao, bellezza!» mi apostrofò la ragazza che mi aveva accolto sulla soglia al mio arrivo.

Tirai dritto senza nemmeno guardarla, in mezzo a quell'intreccio di corpi femminili lucidi di sudore, e mi precipitai verso il bagno. Per colmo di sfortuna trovai la porta chiusa. Aspettai qualche minuto, andando avanti e indietro come una tigre in gabbia, poi finalmente sentii scattare la serratura. Un tipo uscì squadrandomi con aria perplessa e tirando su col naso in maniera sospetta.

Mi fiondai dentro e richiusi la porta. Appena mi voltai, mi trovai davanti una coppia che pomiciava in un angolo del bagno. Non me ne preoccupai, avevo altro a cui pensare. Mi piazzai a gambe larghe davanti al gabinetto e urinai, sospirando di sollievo man mano che mi liberavo. Alla fine pigiai il pulsante dello scarico e tirai su la zip dei jeans. Poi successe qualcosa di strano.

Mentre guardavo l'acqua scorrere nella tazza, ebbi la visione di un vortice tempestoso che ruotava violentemente, come l'occhio di un ciclone. Come il *maelström* di quel racconto di Edgar Allan Poe, che risucchiava un'imbarcazione dentro un gorgo infernale...

Cercai di reggermi, continuando a fissare l'acqua che scorreva e scrosciava. Visualizzai un'ondata gigantesca che sommergeva tutto. L'acqua, ancora l'acqua... Mi convinsi che fosse la premonizione di qualcosa di nefasto che doveva accadere, forse molto presto. Forse subito.

Sentii una voce che gridava: «No!».

Feci un balzo indietro.

«No!» esclamai di nuovo. Era mia la voce, ero io quello che avevo sentito gridare...

La coppia nell'angolo si bloccò. Mi guardarono scocciati dalla mia interruzione.

«Ehi, che cavolo hai?» chiese il ragazzo.

Barcollai, incerto sulle gambe. Provai a dire qualcosa di sensato, ma dalla bocca mi uscì solo un borbottio.

«Togliti dalle palle, stronzo, vai a smaltire la sbornia da un'altra parte!» fece il ragazzo, tornando a dedicarsi alla sua tipa.

Mi sforzai di cercare una risposta a tono per dimostrargli che non ero affatto ubriaco, quando vidi una fiammata divampare nel bagno, avvolgendo ogni cosa. Un vento di fuoco che invase la stanza in un abbraccio mortale, come per portarci via tutti...

I due ragazzi non si erano accorti di nulla. Io indietreggiai, spaventato e ammutolito. Il fuoco cresceva, si espandeva ovunque furiosamente. Poi il ragazzo si girò di nuovo a fissarmi con aria aggressiva.

«Ancora qui?» mi fece. «Allora non hai capito.»

«No, no... me ne vado» bofonchiai, guardandolo a occhi sgranati mentre mi parlava circondato da una corona di fiamme.

Trovai a tastoni la maniglia della porta, girai la chiave e mi precipitai fuori. Nel salone non c'erano fiamme, non c'era niente che non andasse. Mi guardai intorno confuso, ricambiato da sguardi indifferenti o beffardi. Aspettai un attimo che il respiro e il battito del cuore tornassero regolari. La sbornia mi era passata come per magia.

Le luci strobo proiettavano nel buio il loro caleidoscopio di colori, la musica pompava i suoi decibel. Gente che beveva e ballava in mezzo alla sala, gente che beveva e chiacchierava sui divani o in gruppetti sparsi, gente che beveva e si baciava in qualche angolo appartato. Tutto come prima...

No.

Non era tutto come prima.

Sopra la testa di una ragazza c'era qualcosa.

Dei numeri di un giallo rossastro, pulsante.

17:11:27

13:02:23

Aleggiavano sopra la testa della ragazza ispanica molto sexy che ballava a pochi passi da me, e si spostavano con lei.

Come se fossero *parte* di lei.

Il numero superiore era fisso, mentre quello inferiore sembrava un conto alla rovescia, come un timer. L'ultima cifra calava costantemente di un'unità: *23, 22, 21...*

Osservavo trasognato quelle cifre irreali, senza riuscire a comprendere da dove fossero apparse e cosa potessero significare, e intanto indietreggiai fino a sbattere contro il muro alle mie spalle.

«Cos'è questa storia?» dissi a voce alta. «Non mi piace per niente!»

Quelli che mi sentirono, lì vicino, mi guardarono con aria di compatimento e continuarono a chiacchierare.

«Ehi, li vedete anche voi?» chiesi, indicando i numeri sulla testa della ragazza, prima di accorgermi che anche ognuno di loro era sovrastato dalla coppia di cifre!

Tutti, nel salone, avevano quei numeri sopra la testa... tranne me. Mi badarono appena.

«Ma chi è quel coglione?» chiese qualcuno agli altri che ridevano. «Non dovrebbero lasciarlo bere.»

Addossato alla parete, spostavo lo sguardo da una coppia di numeri a un'altra. Tutti avevano la propria, e i numeri erano sempre diversi. Quelli nella fila inferiore si comportavano come i numeri di un orologio: ore, minuti, secondi. Ma gli altri?

In quel momento successe una cosa che mi diede la risposta, ma nello stesso tempo mi fece rabbrividire. Intravidi in pista il ragazzo che poco prima, sulle scale, aveva inghiottito la pasticca. Notai che aveva smesso di ballare e si dondolava completamente fuori tempo tenendosi la testa fra le mani, come se si sentisse male. Furono i numeri che incombevano sopra di lui a mostrarmi qualcosa che non avrei mai voluto vedere.

00:00:00

00:03:41

L'ultima cifra procedeva inesorabile: *41, 40, 39...*

Il ragazzo fece qualche passo barcollando.

Tre minuti e trentotto secondi.

Sì, ma tre minuti e trentotto secondi... a che cosa?

E se i numeri nella fila superiore fossero stati a indicare anni, mesi e giorni?

Anni: *zero*. Mesi: *zero*. Giorni: *zero*...

Vidi il ragazzo piegarsi sulle ginocchia, la testa sempre fra le mani in una stretta convulsa. Tutto ciò che rimaneva erano *tre minuti e trentaquattro secondi*.

«Che sta succedendo?» dissi tra me e me. Ero sulla soglia del panico, mi sarei messo a piangere. Non potevo, non volevo crederci. Decisi di andare a cercare Barbara. Lei era sempre così calma, così sicura di sé... probabilmente avrebbe saputo darmi una qualche spiegazione.

Mi infilai nella ressa, disorientato dalle luci lampeggianti nella sala. I ragazzi che ballavano avevano un che di sinistro, ora, in quella giungla di silhouette che si agitavano, dominate dai bagliori traslucidi dei numeri che scorrevano, e scorrevano, e scorrevano senza sosta...

Non riuscivo a vedere Barbara. Provai a chiamarla, ma non avevo la minima speranza di farmi sentire in quel pandemonio di suoni sparati al massimo. Mi diressi dalla parte opposta, verso le scale, mentre il salone sembrava pulsare in sincrono col mio battito impazzito e ripiegarsi su di me, accompagnando ogni mio passo come un mostro pronto a ghermirmi.

«Barbara!» continuavo a chiamare, ignorato dalla gente intorno a me.

Urtai un ragazzo che si girò bruscamente per darmi dell'imbecille. Anche lui aveva i numeri sopra la testa, il timer che procedeva. Non provai nemmeno a scusarmi e proseguii in cerca di Barbara.

Appena sbucai nell'atrio la vidi, accanto a un tavolo dove stava versandosi un drink. Corsi da lei e quasi andai a sbatterle addosso.

«Ehi, vacci piano, ritardato» fece. Lo sguardo velato e la voce impastata la dicevano lunga sul suo grado di lucidità. Si allungò verso di me per baciarmi, ma io rimasi immobile e la presi per le spalle cercando di ottenere la sua piena attenzione.

«Barbara, devo andarmene da qui» dissi.

«Cosa ti succede? Sono solo le undici e mezzo...» disse lei, osservandomi preoccupata. Se il suo aspetto era quello di una persona non propriamente sobria, io dovevo avere un'aria allucinata.

Poi alzai gli occhi.

I numeri.

Erano anche sopra la sua testa.

00:00:05

07:45:29

E il conto alla rovescia diceva: *29, 28, 27...*

«Che c'è, Scott, cosa guardi? Hai una faccia...»

Non riuscivo a smettere di fissare quei numeri.

«Senti, non avrai preso qualcosa?» mi chiese, improvvisamente insospettita. «Scott, dimmelo, hai preso qualcosa?»

Io la scossi tenendola per le spalle, più forte di quanto avrei voluto.

«Li vedi anche tu?» le chiesi, guardandomi intorno. «Dimmi se li vedi anche tu...»

«Se vedo cosa, Scott?» fece lei senza capire. Cercò di liberarsi dalla mia stretta. «Piantala, mi stai facendo male.»

La lasciai subito.

«Che cosa dovrei vedere, Scott?»

«I numeri!» esclamai. «Guardati intorno, ci sono numeri dappertutto! Non dirmi che non li vedi!»

«Ma di che stai parlando?» fece lei. «Quali numeri?»

«Devo andare via» continuai senza badarle, ormai fuori di me. «Adesso, subito, prima che...»

Il grido di una ragazza arrivò fino a noi dalla sala. Risuonò nitido e raccapricciante come lo schianto di un vetro, sovrastando la musica. Poi ci furono altre urla, agitazione, la gente che convergeva tutta in una direzione. Con il cuore in gola mi avvicinai anch'io. Barbara mi seguì angosciata.

Circondata dagli ospiti ammutoliti, una ragazza era china sul corpo di un ragazzo a terra.

«Un'ambulanza!» gridò. «Vi prego, qualcuno chiami un'ambulanza!»

La scena era spaventosa. Anche se non avevo bisogno di vedere con gli occhi quello che già sapevo dentro di me.

Non avevo bisogno di vedere in faccia il ragazzo disteso

sul pavimento e scosso da violente convulsioni, per sapere che si trattava di quello che si era impasticcato. La ragazza che stava inginocchiata accanto a lui, tenendogli la mano, era quella che gli aveva messo la pasticca tra le labbra.

«Chiamate un'ambulanza!» quasi ruggì lei, in un ultimo grido disperato prima di scoppiare a piangere.

Nel silenzio carico di sgomento che era calato su tutti noi, ora che la musica era spenta e le luci della sala riaccese, qualcuno mormorò che l'ambulanza era già stata chiamata e stava arrivando. Io sapevo che non sarebbe arrivata in tempo. E che, se anche fosse arrivata in tempo, non sarebbe servito a niente.

Ero caduto in una specie di trance e continuavo a fissare quella scena in cui io, e soltanto io, potevo vedere all'opera la mano del destino. Un destino scandito con spietata ineluttabilità dal timer ormai vicino alla scadenza, sopra la testa del ragazzo a terra che si agitava sempre più debolmente.

00:00:00

00:00:04

Avrei voluto chiudere gli occhi, non guardare mentre l'ultima cifra completava il suo cammino senza ritorno verso lo zero.

00:00:03...

00:00:02...

00:00:01...

Poi, la combinazione fatale.

00:00:00

00:00:00

Il corpo del ragazzo smise di tremare e rimase immobile.

«Steve?» fece la ragazza, chinandosi sul suo viso. «Steve!»

Provò a scuoterlo, ma lui non diede più alcun segno di vita. Lo sguardo, ormai spento, era fisso verso il soffitto.

«Oddio, no... no...» mormorò la ragazza.

Solo a quel punto la terribile consapevolezza di quello che era successo si fece strada nella mente degli ospiti. Una ragazza strillò, altre piangevano, i ragazzi per la maggior parte se ne stavano lì in piedi imbambolati, incapaci di reagire allo choc.

Poi vidi i numeri sopra la testa di Steve che iniziarono pian piano a scolorare, a sfumare in una lenta dissolvenza fino a scomparire. Avevo visto abbastanza, e non sarei stato in grado di sopportare più a lungo quello spettacolo. Lasciai lì Barbara, sconvolta, che stava cercando di dare un po' di conforto alla ragazza disperata, e mi diressi verso il bagno. Mi sembrava di camminare nel vuoto, e di avere il vuoto dentro di me.

«Sono dei timer, sono veramente dei timer» continuavo a ripetermi a bassa voce. «Segnano il tempo che ci separa dalla morte...»

Spalancai la porta del bagno e corsi al gabinetto per vomitare.

11

Luci accese a giorno, la musica ormai solo un ricordo che riecheggiava ancora tra le pareti. La villa dei Fitz non era più la cornice di una festa cool, ma la gelida scena di un decesso.

Io me ne stavo seduto su un divano del salone, con lo sguardo fisso. Dopo aver sputato l'anima nel bagno, ero crollato. Barbara era venuta a recuperarmi e mi aveva accompagnato lì. Non mi ero più mosso. Lei mi stava accanto, sotto choc come e più di tutti gli altri per quello che era successo in casa sua.

Al centro della sala, il corpo di Steve era stato coperto da un telo, ma il solo fatto di intravedere quella sagoma metteva i brividi. La sua ragazza era seduta in disparte, assistita da uno dei paramedici. L'ambulanza era arrivata quasi subito, e un altro paramedico aveva constatato la morte del ragazzo. Poco dopo i soccorsi era arrivata la polizia, un paio di agenti si erano messi a fare qualche domanda prima di compiere accertamenti e rilievi. Solo in pochi erano rimasti, gli amici più stretti di Chris e Barbara e quelli della ragazza inconsolabile.

Le luci rossastre e azzurrognole delle auto di servizio e dell'ambulanza lampeggiavano oltre i vetri delle finestre, con un effetto ipnotico su di me che lasciavo la mente libera di vagare tra le idee più assurde, in cerca di spiegazioni per quell'altrettanto assurda e tragica serata.

Un agente stava ancora parlando con Chris, che si torceva nervosamente le mani rispondendo alle domande. Con la sua aria smarrita e il viso slavato era solo una pallida ombra del bullo strafottente di qualche ora prima. Certo, non era quello l'epilogo che si sarebbe aspettato per il suo party.

Me ne stavo lì a osservare tutto come da una distanza siderale, immune a qualsiasi emozione. Non sapevo il perché di quella mia reazione. Forse era la consapevolezza che ci fosse qualcosa di inevitabile in quello che era successo. La visione dei numeri fluttuanti, adesso scomparsi, mi aveva svelato una realtà segreta senza scampo e senza speranza per tutti noi. Sempre che, ed era possibile, io non fossi davvero diventato pazzo.

Rimasi a guardare, come in un sogno, mentre il cadavere veniva caricato sulla lettiga e portato fuori. L'ambulanza era parcheggiata nello spiazzo davanti alla casa, a pochi metri dall'ingresso. Barbara cercò la mia mano e la strinse, non so se per farmi forza o per cercare conforto.

Ma ero insensibile a qualunque vicinanza umana. Non certo per cinismo, o per mettere delle distanze tra noi due, ma perché mi sentivo molto *oltre* quelle esteriori manifestazioni di dolore.

Immerso in quella dimensione quasi onirica, seguii con lo sguardo i paramedici che si avviarono reggendo la lettiga, quando gli occhi mi caddero sull'autista dell'ambulanza. Mi tirai su di scatto nel divano. Seduto al posto di guida, c'era l'uomo di colore che avevo già visto due volte, in quei giorni.

Lo stesso uomo che avevo notato davanti a casa di Barbara.

Lo stesso che dalla finestra della mia camera avevo visto guardare in su, proprio verso di me.

E ora, attraverso la cornice della porta d'ingresso, oltre il parabrezza dell'ambulanza, mi stava fissando. Non c'era dubbio, non me lo stavo immaginando! Quell'uomo stava guardando *me*.

Tra i suoi occhi e i miei c'era come un filo teso, una connessione invisibile su cui correva un messaggio che non ero in grado di decifrare. Ma era qualcosa che non ero sicuro di voler scoprire, qualcosa che faceva paura...

Fu più forte di me. Mi alzai e mi diressi verso la porta. Un poliziotto dalla sala mi intimò di restare dov'ero, ma lo ignorai e uscii sulla soglia della villa.

Le porte dell'ambulanza si richiusero in quel momento, la lettiga era stata caricata.

«Che succede?» mi chiese Barbara, che mi aveva seguito. «Cos'hai visto?»

«È lui» risposi senza distogliere lo sguardo dall'ambulanza.

«Chi?»

«Quell'uomo» indicai. «Mi sta seguendo!»

Ora l'autista guardava fisso davanti a sé, ma era come se percepissi che mi stava ignorando *di proposito*. Mise in moto.

Allora feci un passo per avvicinarmi all'ambulanza, ma mi sentii afferrare per un braccio.

«Ti avevo detto di restare dentro, sei sordo?» disse il poliziotto alle mie spalle, tirandomi indietro. Diedi uno strattone, ma non riuscii a liberarmi dalla sua presa.

«Chi sei? Cazzo vuoi da me?» mi misi a urlare contro l'autista, che stava facendo manovra per partire. «Perché mi stai seguendo?»

«Ehi, che ti prende?» fece il poliziotto, trattenendomi bruscamente. Per poco non ero riuscito a sfuggirgli. Intanto l'autista continuava a ignorarmi, nonostante tutto il casino che stavo facendo, e l'ambulanza si avviò.

«Lasciami in pace!» gridai ancora verso di lui, tentando di divincolarmi. «Lasciami in pace, figlio di puttana!»

«Datti una calmata, ragazzino!» sbottò il poliziotto innervosito, trascinandomi quasi di peso dentro casa. «Non costringermi a portarti in centrale!»

«Scott, ti prego... fai come dice, calmati...» provò a intervenire Barbara, che per quella notte doveva averne avuto abbastanza. Per non parlare di quello che aspettava lei e suo fratello appena fossero rientrati i loro genitori...

«No, dovete fermarlo... dovete fare qualcosa!» continuai, fuori di me.

Allora Barbara mi schiaffeggiò. Forte, in pieno viso. Mi bloccai all'istante, più per lo stupore che per il dolore intenso che mi bruciava la guancia.

«Io... scusami» mormorò Barbara, ma non l'ascoltai: la mia attenzione fu catturata da qualcos'altro.

L'ambulanza stava transitando davanti all'ingresso e, per un istante, ebbi la certezza che l'uomo di colore mi stesse guardando un'ultima volta. Durò davvero solo un istante, come un fotogramma rapidissimo, quasi subliminale, ma dentro di me seppi che quello sguardo neutro, impassibile, quasi non umano, era per me.

E per una ragione che non aveva bisogno di ulteriori dimostrazioni, ora non avevo più dubbi. Gli strani fenomeni mentali che stavo vivendo, gli eventi di quella sera, le apparizioni di quell'uomo: erano tutti pezzi di uno stesso puzzle, un enigma incomprensibile che aveva a che fare con la mia vita, e forse con quella di tutti. Di fronte a quella certezza mi calmai all'improvviso. Non opposi più resistenza e mi girai per rientrare in casa scortato dal poliziotto, mentre l'ambulanza scompariva in fondo al viale, senza azionare la sirena.

«Ok, così va meglio» disse l'agente lasciandomi il braccio quando fummo di nuovo dentro. «Tornate a sedervi là e aspettate, non ne avremo ancora per molto.»

Si era rivolto soprattutto a Barbara. Lei annuì e mi riaccompagnò verso il divano. Si sedette accanto a me e mi baciò delicatamente sulla guancia arrossata.

«Perdonami» sussurrò, mentre le lacrime le scendevano sul viso.

Posò la testa sul mio petto, come per nascondermi il suo pianto. Io ero piombato di nuovo in uno stato di totale apatia, e mi rendevo appena conto di trovarmi lì, accanto a lei, a un passo da dove la morte, quella notte, mi aveva forse rivelato il suo segreto. Rimasi seduto come un oggetto inanimato, a cercare nel nulla le risposte che non trovavo.

12

Erano passate le due quando mi ritrovai seduto sul sedile posteriore dell'auto della polizia. Sul prato davanti a casa Fitz, l'agente che mi aveva impedito di affrontare l'autista dell'ambulanza stava scambiando qualche parola con Barbara e Chris.

Il suo collega, sporgendosi dentro l'auto attraverso la portiera aperta, mi proiettò negli occhi un fascio di luce sottile e fastidioso e mi studiò le pupille.

«Che cosa hai preso?» mi chiese per l'ennesima volta. «Va tutto bene, ho solo bisogno di sapere che cosa hai preso.»

Io rimasi trincerato nel mio mutismo. Dopo l'episodio sconvolgente a cui avevo assistito, tutte quelle procedure e quelle domande mi sembravano ridicole, insignificanti. Nessuno sarebbe stato in grado di capire se avessi cercato di spiegare come stavano realmente le cose. Il poliziotto sbuffò, rinunciando a cavarmi qualche parola di bocca, e richiuse la portiera. Disse qualcosa all'altro, che scosse la testa e venne a sedersi al posto di guida.

«Ok, ragazzo, adesso ti porto a casa» disse senza voltarsi, accendendo il motore.

L'auto si mosse. Dal finestrino guardai Barbara, che guardò me, finché non mi lasciai alle spalle il giardino della villa. Mi voltai a dare un'ultima occhiata. Dietro Chris e sua sorella, che mai come in quel momento mi sembrarono due naufraghi abbandonati alla loro sorte, sulla facciata della loro casa si rincorrevano i giochi di luce dei lampeggianti. Flash azzurrognoli che a un tratto evocarono altre immagini dal fondo della mia memoria, da un deposito sepolto di ricordi che per tutta la vita non ero mai riuscito a riconoscere come mio...

Lampi di luce, sirene. Auto della polizia lanciate in corsa lungo un'autostrada.

Ruote che divorano l'asfalto in una fuga assurda, disperata.

Una Ferrari che schizza via come un proiettile, tagliando l'aria.

Le auto della polizia, molto più indietro, che cercano inutilmente di raggiungerla...

Accovacciato sul sedile posteriore, sussultai come risvegliandomi da un sogno a occhi aperti. Era durato appena una frazione di secondo, ma era stato nitidissimo.

Era stato *reale.*

Sentii una morsa di gelo che mi stringeva il cuore. Oltre alle visioni, oltre alle strane facoltà che stavo scoprendo di possedere, quegli sprazzi di ricordi del tutto estranei alimentavano sempre più la paura che qualcosa stesse succedendo alla mia mente.

Eccolo, il fattore comune a tutti quei misteri: la mia mente. Era lì dentro, lo sentivo, che andava cercata una risposta.

«Cosa mi sta succedendo?» dissi tra me e me, e la voce mi si spense in gola.

Il poliziotto non si girò. L'auto proseguì per la sua strada. Avrei voluto non arrivare mai a casa. La prospettiva di dovere a mia madre delle spiegazioni mi mandava in paranoia. Anche perché non mi piaceva mentirle o nasconderle le cose. Il nostro rapporto era sempre stato basato su un certo rispetto degli spazi reciproci, ma anche sulla sincerità, e questo ci aveva permesso di andare avanti dopo essere rimasti soli. Era un equilibrio molto fragile, il nostro, ma pur sempre un equilibrio.

Finché mio padre era stato con noi, io e lei eravamo stati alleati naturali. Avevo sempre sentito molto forte il dovere di proteggerla da lui, che era... be', diciamo che *non* era un marito e padre modello. Prima che lui se ne andasse di casa vivevamo in simbiosi, io e mia madre. Dov'era lei, ero anch'io. Era tutto il mio mondo, e forse io lo ero per lei.

Ma dopo la loro separazione, o meglio, dopo che mio padre ci aveva abbandonati, si era rotto qualcosa. Forse Kiara mi imputava di averlo allontanato da lei, non lo sapevo. In ogni caso, da allora aveva iniziato a darmi il tormento, perché non ero mai all'altezza delle sue aspettative, ero una continua delusione, eccetera. Mi ero illuso di poter riempire il vuoto lasciato da mio padre, ma non era andata così. E ora, avevo pochi minuti per decidere se inventarmi una scusa passabile e chiudere l'incidente di quella sera, oppure provare ancora una volta a spiegarle il momento critico che stavo attraversando.

«Ok, sei arrivato» disse l'agente parcheggiando davanti a casa mia.

Venne ad aprirmi la portiera e mi scortò lungo il viottolo fino alla porta d'ingresso, illuminata dal lampioncino esterno. La porta si aprì. Sulla soglia comparve Kiara, con la vestaglia sopra la camicia da notte. Evidentemente era già stata avvertita, dalla polizia o da qualche altro genitore, e quindi doveva essere già al corrente anche della disgrazia che era capitata. Passandole davanti incrociai il suo sguardo arrabbiato e preoccupato, ma entrai in casa senza dire una parola.

«Ha avuto una brutta esperienza, ma sembra che si sia calmato, adesso» le disse il poliziotto. «Comunque lo tenga sotto osservazione, non sappiamo bene che cosa abbia preso.»

«Lo farò, e grazie per averlo riaccompagnato» disse lei, prima di richiudere la porta.

Andai a sedermi in cucina, al buio. Era quello, da sempre, il teatro delle nostre discussioni, il posto in cui si annunciavano le buone e le cattive notizie, dove mi ero sorbito infinite prediche sul mio rendimento scolastico e sulle continue lamentele degli insegnanti.

Mia madre mi raggiunse e accese la luce.

«Ti preparo un tè? Qualcosa di caldo?» mi chiese. Scossi la testa.

Allora si sedette di fronte a me, stringendosi addosso la vestaglia.

«Ok, Scott, ti andrebbe di spiegarmi che diavolo sta succedendo?» disse con il tono apparentemente calmo che usava sempre in questi casi. Cercava di controllarsi, e io l'ammiravo per lo sforzo, davvero... anche se sapevamo tutti e due che non sarebbe durato. La sua natura fortemente emotiva e apprensiva sarebbe venuta fuori, come ogni volta. La guardai negli occhi, ma non risposi.

«Ti sei messo a prendere droghe? Penso di avere il diritto di saperlo...»

«Non ho preso niente» replicai con convinzione.

«Quindi quel poliziotto secondo te mi avrebbe mentito?» Kiara avvicinò la sedia al tavolo e incrociò le braccia, la tempesta era in arrivo. «Perché invece non cominci a raccontarmi quel che è successo?»

Feci un respiro profondo. Non intendevo mentirle, così l'accontentai.

«È una storia complicata. C'è qualcuno che mi segue, l'ho visto anche stanotte, e...»

«Alt, alt, no!» sbottò lei, alzando subito la voce. «Ne ho abbastanza delle tue paranoie! E di questo tuo continuo tentativo di spiegare con delle assurdità il fatto che ti comporti come uno fuori di testa... Sta diventando una faccenda ridicola, che offende la mia intelligenza.»

Fece una pausa.

«Ti ho fatto una domanda precisa. Mi riferivo a quello che è successo stanotte a quella festa.»

«Qualcuno mi segue» ripetei ostinato. «Mi hai chiesto di raccontarti quello che mi sta succedendo, e lo sto facendo.»

«Non c'è nessuno che ti segue» puntualizzò lei, cercando di dominarsi. «Tutto quello che pensi ti stia succedendo... è soltanto nella tua mente!»

Allargai le braccia. Non avevo speranze di essere compreso.

«Insomma, è a causa della droga? Ti stai drogando?» mi

chiese in tono aggressivo. Il poliziotto buono aveva lasciato il posto al poliziotto cattivo. Mi guardò in attesa di una risposta, che non arrivò. Allora esplose sul serio.

«Rispondimi! Cosa ti sta capitando? Non sono più sicura nemmeno di sapere chi sei!»

Neanch'io, se era per quello, le risposi.

Il mento le tremava. Stava cercando di non piangere. Poi riprese a parlare a voce più bassa. «Sono sempre stata dalla tua parte, Scott, ho preso sempre le tue difese, ma... forse hanno ragione tutti quanti. Forse c'è davvero qualcosa che non va in te.»

Si alzò e uscì dalla cucina nascondendosi il viso con una mano. Io rimasi seduto al mio posto, ad ascoltare il silenzio della notte.

13

Auto che sfrecciano lungo le strade di una grande città. Folle di persone che si accalcano sui marciapiedi, scorrendo rapidissime, come fiumi.

Sopra la testa di ognuno, brillano i timer.

La gente nei supermercati, al parco, sul posto di lavoro, tutti vivono la loro vita quotidiana sovrastati dalla coppia di numeri.

Luci bianche, come laser, intrecciano voli intorno agli edifici. Tutto si muove ad altissima velocità, in un immenso "timelapse".

C'è anche Mark. È in ufficio, sta concludendo un grosso business.

Ora invece è a casa, con sua moglie Lisa, nella piscina privata.

E adesso...

Adesso è nel tunnel di vetro.

«Ciao, Mark.»

La voce della sua Guida.

Mark cerca di mettere a fuoco la figura che ha parlato, ma ha la vista ancora appannata.

«Che diavolo succede?» chiede esasperato.

«Quello è probabilmente il termine meno appropriato da usare in questo posto» dice la Guida...

«Questo è tutto, il sogno si è interrotto così» dissi, guardando Barbara alla fine del mio racconto. «Poi mi sono svegliato di soprassalto stamattina alle sette passate, con la testa appoggiata sul tavolo della cucina... Mi ero addormentato lì, stanotte, dopo aver discusso con mia madre.»

Lei annuì, pensierosa, stringendosi addosso il giubbotto. Eravamo seduti su una panchina nel cortile alberato della scuola. La mattinata era fredda, battuta dal vento che agitava le foglie. Intorno a noi altri ragazzi parlottavano a piccoli gruppi, in un'atmosfera pesante e malinconica. La notizia della tragedia aveva scosso tutti, e il preside aveva voluto tenere un discorso agli studenti e agli insegnanti, sospendendo le lezioni delle prime due ore.

Che qualcosa di grave e anomalo fosse successo era evidente in particolare a me, visto che nessuno mi aveva ancora sfottuto, quella mattina. Perfino i bulli avevano accusato il colpo, e nessuno si era azzardato a infastidire me o tantomeno Barbara.

«Allora, che ne pensi?» le chiesi. «Devo preoccuparmi, secondo te?»

Lei si strinse nelle spalle. «Scott, sinceramente non so che cosa pensare» rispose. «Di sicuro questi tuoi sogni, o visioni, sono strani, non lo nego...»

Era palesemente in imbarazzo.

«Ne hai parlato con tua madre?»

«Bah» liquidai l'argomento con un gesto «fosse per lei, mi porterebbe da uno strizzacervelli.»

«E tu, invece, come ti spieghi quello che ti sta succedendo?» mi chiese. «Tranquillo, prometto che non ti consiglierò il mio psichiatra.»

«Be', ecco, non saprei da dove cominciare...»

Mi passai una mano tra i capelli, nervosamente. Era molto difficile, per me, trovare un modo sensato di raccontare una storia insensata per chiunque. «È da un po' di tempo che mi capita di fare quel genere di sogni... non è una cosa recente.»

Lei annuì, incoraggiandomi a proseguire. La guardai per un attimo, e l'interesse sincero che lessi nella sua espressione mi convinse ad aprirmi totalmente.

«Barbara, io ho vissuto un'altra vita prima di questa» buttai fuori d'un fiato. «Ne sono sicuro. È come se tutto quello che mi circonda fosse una finzione, un'apparenza...»

Sbatté le palpebre un paio di volte, ma riuscì a dissimulare bene la sorpresa.

«Sarebbe una cosa tipo *Matrix*?» chiese in tono neutro.

«Penserai che sto impazzendo, vero?»

«Be', sì, all'incirca... ma sei tu stesso a dirlo, ed è già un buon segno.»

Mi diede un colpetto affettuoso spalla contro spalla, avvicinandosi un po' sulla panchina. «È per questo che mi piaci, ritardato.»

«Barbara, non sto scherzando» dissi, fissandola serio. «Ho scoperto da poco che sono in grado di muovere...»

Mi interruppi di colpo, rendendomi conto di quanto quella mia confessione fosse inutile e patetica.

«Sei in grado di muovere che cosa?» chiese lei.

«Lascia perdere. Sono solo un po' confuso, mi stanno succedendo troppe cose e... non so bene come comportarmi.»

«Ok, è tutto a posto, me ne parlerai quando vorrai» disse comprensiva.

Nel cortile i capannelli di studenti si stavano sciogliendo, tutti si muovevano per rientrare. Barbara si alzò.

«Andiamo, le lezioni stanno per cominciare.»

Io rimasi seduto sulla panchina. «Senti, a proposito di ieri sera...»

«Sì?»

«Quel ragazzo, Steve... io sapevo che sarebbe morto.»

Lei mi guardò senza parlare. Poi tornò a sedersi di fianco a me.

Feci una risata fuori luogo per sdrammatizzare, mostrando così tutta la mia tensione.

«Allora, secondo te sono pazzo?» dissi, molto depresso.

«Senti, o dici la verità o sei pazzo» rispose Barbara. «La cosa certa è che tutti ti prenderanno per pazzo. Lo sai, no?»

«Be', se è per questo, sta già succedendo» replicai con un sorriso amaro. «La pensa così perfino mia madre... Ma a me interessa quello che pensi tu.»

«Come ti ho detto prima, riconosco che ci sono delle stranezze nelle cose che mi hai raccontato, ma da qui a credere che si riferiscano a fatti reali... anzi no, a fatti che sarebbero accaduti a te in una vita precedente... insomma, non è facile, ecco.»

Si alzò di nuovo, stavolta prendendomi per mano. «Vieni, adesso, o faremo tardi.»

Mi alzai e mi avviai con lei, verso la porta d'ingresso a vetri della scuola.

«Ho bisogno del tuo aiuto, Barbara» dissi, prendendo una decisione all'improvviso. «Faresti una cosa per me?»

«Volentieri, se posso...»

«Devi darmi una mano a trovare qualche informazione su un tizio morto in un incidente stradale a Los Angeles» dissi in fretta, forse per camuffare un po' l'assurdità della mia richiesta.

«Quello del sogno?» fece lei, senza scomporsi.

«Sì.»

«Scott, non per contraddirti, ma penso che siano parecchie le persone che muoiono in incidenti stradali a Los Angeles.»

«Su questo hai ragione» sorrisi. «Ma quel caso aveva a che fare con la polizia. L'inseguimento in autostrada sotto la pioggia, e tutto il resto. È un dettaglio utile, non ti pare?»

«Parli già come un detective dilettante... Hai cercato in rete?»

«Sì, senza trovare granché.»

Mi fermai mentre varcavamo la soglia, lei fece altrettanto. «Senti, tua madre lavora qui nella biblioteca scolastica, giusto?»

Barbara annuì, corrugando le sopracciglia. «Perché?»

«Potresti farmi accedere al suo computer?» azzardai con un tono di voce che sapeva di cospirazione. «Ho pensato che potrei cercare la notizia di quell'incidente nei database dei giornali, prima che tua madre torni in biblioteca...»

«Cosa?» fece lei sgranando gli occhi. Poi, quasi sussurrando: «Scott, mi stai chiedendo di trasformarmi in una hacker?».

«No, semplicemente in una ladra. Mi servono solo le

sue credenziali d'accesso, al resto penso io... Non dirmi che non le sai.»

«Se anche le sapessi, e non sto dicendo che le so, mi stai chiedendo di fare una cosa che...»

«Mi basteranno pochi minuti.»

«Un ragazzo è morto stanotte a casa mia, Scott, te lo ricordi?» replicò, iniziando a rovesciarmi addosso un fiume di parole. «In più, i miei rientrano oggi pomeriggio dopo essere stati costretti a interrompere la loro settimana di vacanza, e ti assicuro che non ne saranno felici. Io e Chris probabilmente non potremo più uscire per i prossimi tre mesi, no, come minimo fino al prossimo Natale, e...»

«Per favore.»

Mi guardò negli occhi.

«A metà lezione chiedi di uscire per andare in bagno e troviamoci in biblioteca» disse con un sospiro. Si girò per avviarsi verso la sua classe, poi si fermò. «L'avevo capito nel primo momento che ti ho visto, Scott Mason, che con te mi sarei messa nei guai.»

Le scoccai un bacio sulle labbra e corsi via nel corridoio come un razzo, prima che cambiasse idea.

14

Neanche mezz'ora dopo, uscii dalla mia classe durante la lezione di storia e raggiunsi Barbara in biblioteca. Mi stava aspettando in una corsia tra le scaffalature, sfogliando un libro. Ai tavoli di consultazione non c'era nessuno, in assenza della bibliotecaria i servizi erano praticamente sospesi. Appena mi vide entrare sussultò leggermente.

«Eccoti, speravo quasi che non venissi» disse con un debole sorriso.

«Sei nervosa?» le chiesi. «Tranquilla, lo sono anch'io.»

«Muoviamoci» tagliò corto facendomi una smorfia. «Poco fa è passato un prof di matematica a cercare mia madre, potrebbe capitare qualcun altro.»

Mi precedette dietro il banco della distribuzione per poi sedersi al computer riservato al bibliotecario. Lo accese e aspettò la schermata di login.

«Se mia madre lo scopre non potrò uscire di casa *mai più*» disse sottovoce, guardandomi. «Te ne rendi conto, vero?»

«In fondo ti sto solo usando per la password» dissi.

Barbara sorrise e mi mostrò il dito medio. Poco dopo digitò sulla tastiera le credenziali d'accesso e premette il tasto di invio.

Accesso effettuato.

«Dài, sbrigati» mi disse lasciandomi il posto. «Io tengo

d'occhio la porta. Abbiamo dieci minuti al massimo, prima che capiti qualche scocciatore.»

Mi sedetti al computer e avviai il browser, poi entrai nel sistema che collegava le biblioteche di tutto il Paese.

«Che cosa vuoi fare, esattamente?» chiese Barbara, in piedi accanto a me, lo sguardo che andava avanti e indietro fra lo schermo e la porta della biblioteca.

Fuori, nel corridoio, silenzio totale. Speravo solo che a nessun professore con un'ora libera venisse in mente di passare a prendere un libro proprio in quel momento.

«Voglio cercare notizie di quell'episodio sulla stampa locale» risposi, mentre la pagina corrente si caricava fin troppo lentamente. «Dev'esserci per forza qualcosa, da qualche parte.»

Scrissi alcune parole chiave nel motore di ricerca interno, e all'improvviso il computer iniziò a comportarsi in modo strano. Sembrava letteralmente impazzito. Le pagine scorrevano velocissime sullo schermo, a decine, a centinaia. Migliaia di risultati, forse milioni, venivano vagliati con una tale rapidità che mi sarebbe stato impossibile individuare qualche dato utile.

Mi tirai leggermente indietro, sbalordito da quel fenomeno incomprensibile. Però mi sentivo come circonfuso di una luce intensa, brillante, era una sensazione di... *potenza*. Sì, era come se sotto le mie dita il computer avesse potenziato, e non di poco, le sue capacità.

«Scott, che succede?» mi fece Barbara perplessa e un po' inquieta.

«Non lo so, sta facendo tutto da solo!» risposi, mentre le mie dita continuavano a digitare come se fossero mosse da una volontà propria.

A un tratto staccai le mani dalla tastiera e quella girandola ubriacante di schermate si arrestò di colpo. Indicai un punto sul monitor. Quasi non credevo ai miei occhi.

«Guarda!» esclamai, poi abbassai subito la voce per non farci scoprire. «L'ho trovato, è lui...»

Sullo schermo era apparsa la riproduzione di un trafiletto

su un incidente stradale di cui era rimasto vittima un certo Mark Demmert. Risaliva a sedici anni prima.

C'era anche una foto, e fu quel dettaglio a togliermi qualsiasi dubbio. I resti della Ferrari, in fondo a un burrone nei pressi di un'autostrada, parlavano chiaro. Mi sentii rabbrividire. Per un attimo pensai che in mezzo a quelle lamiere contorte e bruciacchiate... potevo esserci stato io.

«In fondo lo sapevo di non essere pazzo» dissi, scacciando quella brutta sensazione. «Non del tutto, almeno.»

Barbara mi guardò dubbiosa, poi scosse la testa e diede un'occhiata più da vicino alla pagina web tratta dall'emeroteca digitale della California.

«"Incidente mortale, eccetera... dopo un lungo inseguimento..."» lesse rapidamente. «Ecco, senti qua: "Suicidio o omicidio? La polizia non esclude nessuna ipotesi". Scott, cosa ti fa pensare che si tratti di... te?»

«Continua a leggere» dissi io, che avevo già scorso il resto dell'articolo.

«"Anthony White, agente della polizia di Los Angeles"» lesse Barbara, «"è convinto che ci sia qualcosa di più dietro la misteriosa morte di Mark Demmert, noto broker impegnato nell'acquisizione di una società concorrente. Secondo l'inquirente, qualcuno potrebbe aver avuto interesse a impedirgli di portare a termine l'operazione..."»

«Vedi?» dissi alla fine. «Io ho sognato a sprazzi tutte queste cose.»

«Potresti averne sentito parlare o averne letto da qualche parte» obiettò lei. «Non significa automaticamente che quel Mark sei tu.»

«Può darsi, ma ammetterai che è strano. Io so di questa persona cose che non potrei sapere, e ti assicuro che non le ho lette né sentite da nessuna parte.»

«Mah, secondo me l'unica cosa strana è che la polizia abbia indagato sulla sua morte» concesse Barbara. «Magari non si è trattato di un suicidio, magari qualcuno lo ha davvero assassinato come pensava quel poliziotto. Ma se anche fosse, questo non dimostra che ci sia un legame con te.»

«Be', io penso di sì» ribattei testardo. «E adesso più che mai.»

«Allora cosa intendi fare?»

Barbara controllò la porta d'ingresso con un'occhiata preoccupata. «Senti, spegniamo tutto e andiamocene. Abbiamo già rischiato anche troppo.»

«Ok, ok» feci. «Ma prima...»

Lanciai una stampa della schermata, chiusi il browser e spensi il computer. Poi mi infilai in tasca il foglio piegato con l'articolo e mi alzai. «Ecco fatto, possiamo andare.»

Sgusciammo nel corridoio deserto senza essere notati. Dovevamo rientrare in fretta nelle nostre classi, la lezione stava per finire.

«Mi hai chiesto cosa ho intenzione di fare» dissi a Barbara prima che ci separassimo. «Semplice: voglio scoprire tutto il possibile su quel Mark Demmert.»

«Scott, per favore...»

«Ormai non ho più dubbi, Barbara» dissi in tono definitivo. «Mark Demmert sono io.»

15

Quella sera, passata mezzanotte, ero steso sul letto nella mia camera, con accanto la foto stampata da quell'articolo di sedici anni prima. Non riuscivo a staccare gli occhi dall'immagine sgranata della Ferrari convertibile, ridotta a un ammasso di lamiere accartocciate. Sapevo di aver raccolto un altro indizio prezioso, un'altra tessera che aveva trovato la sua collocazione in un mosaico più grande, di cui però mi sfuggiva il disegno generale. Da almeno un paio d'ore stavo spaccandomi il cervello nel tentativo di capire quale avrebbe dovuto essere il mio prossimo passo.

Un'insegna al neon della birra Corona si illuminava a intermittenza ogni due secondi dietro la mia testa. A volte mi perdevo nel suo effetto ipnotico, lasciando liberi i pensieri di scorrere in mille direzioni. Era come il battito cardiaco della mia stanza, un organismo vivo, quel neon pulsante che dava il tempo ai miei sogni lucidi... Sentii bussare. Borbottai qualcosa. Mia madre aprì la porta.

«Tutto ok?» mi chiese, affacciandosi dalla soglia.

«Sì, a posto» risposi, tirandomi su appena.

«Io vado a dormire.»

«Buonanotte» dissi, riadagiandomi sul cuscino. Spesso tutto il nostro "dialogo" si riduceva a quello.

Appena Kiara richiuse la porta, cercai di ritrovare la concentrazione. Guardai la foto accanto al trafiletto. Lamiere contorte. Una cortina di pioggia che cadeva fitta. Flash di lampeggianti. Immagini sovrapposte, appena distinguibili, cominciavano a fluttuare nella mia mente...

Squarci di un'auto distrutta. Una chioma di capelli biondi, ondulati, sparsi sull'asfalto chiazzato di sangue. Un viso di donna, bellissimo, mutilato dalle ferite, gli occhi azzurri che guardano fisso l'osservatore.

Lisa...

Spalancai gli occhi di colpo, scioccato. Lisa, la moglie di Mark. Respirai a fondo, cercando di placare l'affanno, e tornai ad abbassare le palpebre, lentamente...

Mark a un party con la moglie. Tutti e due eleganti, pieni di glamour.

Mark in ufficio, mentre parla infervorato e visibilmente compiaciuto.

Mark a casa, in un momento di relax con Lisa...

Mi svegliai bruscamente, guardandomi intorno spaesato, poi afferrai il cellulare. Ora sapevo qual era il prossimo passo. Sapevo quello che avrei dovuto fare.

Chiamai Barbara.

«Sì?» rispose lei con voce impastata dal sonno. «Scott, sei tu?»

«Dobbiamo vederci.»

«Scott, stavo dormendo... Probabilmente hai svegliato tutta la mia famiglia. I miei sono tornati stasera. Che cosa vuoi?»

«Non posso parlarne al telefono» risposi «dobbiamo completare quello che abbiamo cominciato.»

«Non ti capisco... Senti, è l'una. Non puoi aspettare domattina per i tuoi indovinelli?»

«Troviamoci a scuola fra mezz'ora» dissi, senza nemmeno ascoltarla. Ora che le cose mi apparivano più chiare, non c'era un minuto da perdere. «Inventati una scusa per uscire e vieni subito.»

«A scuola?!» trasecolò lei. «In piena notte? E a fare che?»

«Mi servono altre informazioni su Mark Demmert e sull'incidente, e lunedì tua madre tornerà al suo posto in biblioteca. Dobbiamo farlo subito, stanotte. Io non posso aspettare, devo scoprire la verità.»

«Santo cielo, hai in mente di intrufolarti a scuola, magari scassinando una serratura? Forse ti sfugge che sarebbe un reato abbastanza grave...»

«Non scassineremo proprio niente» dissi in tono deciso. «Useremo le chiavi di tua madre. Ti assicuro che sarai a casa in tempo per rimetterle a posto. Non se ne accorgerà nemmeno.»

Qualche secondo di silenzio.

«Non stai dicendo sul serio» fece lei. Poi, sentendo che non parlavo: «Ok, stai dicendo sul serio».

«Allora posso contarci? È molto importante per me.»

Barbara sospirò. Era ben sveglia, ormai. «E dire che pensavo di essere io, quella che doveva allontanarti dalla retta via...»

«Scusami, davvero. Non avrei mai voluto metterti in questa situazione, ma non ho scelta e...»

«Scherzi?» mi interruppe. Ora la sua voce suonava eccitata, con una sfumatura di complicità. «Ho sempre sognato di fare un'intrusione di notte a scuola... Ci vediamo là!»

Mi misi a ridere e chiusi la telefonata. Poi mi preparai a uscire per la nostra scorreria notturna.

Mezz'ora dopo, eravamo tutti e due immersi nel buio davanti a una porta laterale dell'istituto. Barbara stava armeggiando con un mazzo di chiavi, io le facevo luce con il flash del cellulare. Tirava un vento da nord che penetrava nelle ossa.

«Sbrigati, fa un freddo cane» dissi, imbacuccato nel mio giubbotto pesante con il cappuccio della felpa tirato sulla testa.

«Un attimo, ritardato, non so quale sia quella giusta!» fece lei. «E ricordati che qui io sto rischiando di farmi arrestare per la tua bella faccia.»

Ancora un tentativo e la porta si aprì. Entrammo in silenzio.

«Ehi, ci sarà un sistema d'allarme!» sussurrai. A quello non avevo proprio pensato.

«Tranquillo, so come disinnescarlo.»

Barbara si diresse con sicurezza a un quadro con dei pulsanti e dei LED accesi. Premette un paio di tasti e le lucine si spensero.

«Ci siamo» disse soddisfatta. «Una mattina ci sono venuta con mia madre, all'apertura, e ho visto come si fa.»

«Mmm, niente male» dovetti riconoscere. Mi ero scelto un'alleata davvero coi fiocchi.

Mi chiese di farle luce, e ci incamminammo furtivamente per i corridoi della scuola cercando di fare meno rumore possibile, casomai fosse passata la vigilanza notturna nel suo giro di controllo. Così deserta e silenziosa, la scuola non era il posto rassicurante che appariva di giorno, quando era piena di gente. I corridoi lunghissimi, tutte quelle porte semiaperte sulle aule buie, le vetrate che riflettevano la luce della mia torcia, e le ombre proiettate alle nostre spalle...

Ci fermammo davanti alla porta della biblioteca e Barbara tentò la maniglia. Era chiusa a chiave.

«Merda» mormorò.

Tirò fuori di nuovo il mazzo di chiavi e ne provò un paio. Ebbe successo al secondo tentativo. La porta si aprì. Ci scambiammo un sorriso e varcammo la soglia della biblioteca. Anche lì, tutt'altra atmosfera rispetto a quella mattina. Le scaffalature piene di libri, alte fino al soffitto, incombevano su di noi. Barbara andò a sedersi al computer e lo accese. La luce del monitor si riverberò nello stanzone, rendendo superfluo il flash del mio cellulare. Lo spensi, anche per non consumare la batteria.

Mentre aspettava la schermata di login, si mise a frugare sul banco della distribuzione.

«Cosa cerchi?» le chiesi.

«Come si chiama quel tipo che ho preso a pugni l'altro giorno?» fece lei. «Chaz o Chad?»

«Chad. Perché?»

Barbara trovò quello che stava cercando: un pennarello

nero. Poi si alzò dopo aver inserito al computer le credenziali d'accesso.

«È tutto tuo» disse. «Vedi di muoverti, non abbiamo tutta la notte.»

Presi il suo posto sulla poltroncina e ripetei la procedura che avevo già seguito. Intanto lei si avvicinò alla parete sgombra dietro il banco e con il pennarello si mise a scrivere qualcosa a lettere cubitali.

«Cazzo, Barbara, non mi sembra un'idea geniale» brontolai. «Così sapranno che qualcuno si è intrufolato a scuola, stanotte. Potevamo fare in modo che nessuno se ne accorgesse...»

Mi ignorò, e fece due passi indietro per ammirare la sua opera d'arte.

CHAD JENNINGS È STATO QUI!

Si girò con un sorriso perfido.

«Bye bye, Chad!» disse con l'aria di divertirsi molto.

«Questa è proprio una cattiveria» dissi io.

«Lo so. Sono una cattiva ragazza, non te n'eri accorto?»

«Se lo dici tu...» feci, scuotendo la testa. «Povero Chad, un po' mi fa pena... ma solo un po'» risi. «Certo che quando scopriranno il tuo scherzetto e scoppierà il casino, lui impiegherà mezzo secondo a metterci in cima alla lista dei sospettati.»

Alzò le spalle. «E allora? L'importante è che tutti accuseranno lui. È talmente stupido che lo crederanno capacissimo di aver fatto una simile idiozia!»

«Speriamo, e comunque adesso abbiamo altro a cui pensare» tagliai corto.

Nel frattempo avevo lanciato una ricerca nel database con il nome di Mark Demmert. Come la volta precedente, il browser cominciò a navigare ad altissima velocità. Le mie dita volavano sulla tastiera, più rapide e infallibili di quanto fossero mai state in tutta la mia onorata carriera da nerd.

Alla fine, però, la ricerca non restituì nessun risultato pertinente. Strano che non ci fosse altro, su Mark, eccetto l'articoletto che avevo già trovato. Provai a inserire come chiave di ricerca il nome del poliziotto che aveva indagato su quel caso. Era l'unica pista che mi rimaneva. Diedi l'invio. Una miriade di pagine web riprese a vorticare sullo schermo. Vedevo parole trasparenti che sembravano uscire dal monitor per materializzarsi davanti ai miei occhi. Era uno spettacolo affascinante.

«Come ci riesci?» chiese Barbara, che era tornata accanto a me e osservava da sopra la mia spalla.

«Non ne ho idea» risposi. «Sento di avere una forza in più, una specie di potere che non so come controllare, ma che è presente dentro di me. Come quel tipo in *Chronicle*» ridacchiai. «Ci pensavo giusto l'altra mattina.»

«Non è che finisse molto bene, quel film» disse lei, accarezzandomi i capelli con un gesto affettuoso. «Non so se dovrei essere affascinata o spaventata.»

In quel momento il vertiginoso flusso di pagine cessò all'improvviso. Nella schermata compariva un bollettino ufficiale della polizia, risalente a una decina di anni prima. Evidenziato nella colonna di destra, c'era il nome dell'agente Anthony White e accanto il distretto di appartenenza.

«Eccolo» dissi con calma, appoggiandomi allo schienale. «A questo punto dobbiamo andarci.»

«Dove?»

«A Los Angeles, per parlare con lui. Attualmente è l'unica persona in grado di darmi informazioni su Mark.»

Barbara rimase interdetta per un secondo, poi scoppiò a ridere.

«Sei completamente fuori di testa» disse. «E questa cosa mi piace un sacco. Ma adesso andiamocene fuori di qui. Non mi sento per niente tranquilla.»

Aveva ragione, lì dentro non avevamo altro da fare. Spensi il computer, riattivai il flash del cellulare, e uscimmo nel corridoio. Barbara richiuse a chiave la porta della biblioteca.

«Ecco qua, lunedì mattina quel simpaticone di Chad avrà una piccola sorpresa!» disse strizzandomi l'occhio, soddisfattissima della sua bravata. Rifacemmo il percorso a ritroso. I nostri passi echeggiavano tra le pareti del corridoio oscuro.

«Davvero, Barbara, io ho bisogno di sapere» ripresi, parlando a voce bassa. «Devo sapere se ho ragione.»

«Ti rendi conto di quant'è lontano?» fece lei, seria. «E tu non hai una macchina, né i soldi per...»

«Posso rimediare l'una e gli altri» la interruppi, un po' piccato per la sua osservazione. «Ci stai o no?»

«Ma non posso alzarmi e partirmene così, come se niente fosse...»

«Mi pareva che fossi la cattiva ragazza della situazione, o sbaglio? E le cattive ragazze non hanno tutte queste remore.»

«Ok, ok, quella era solo una battuta stupida» sorrise.

«Comunque non voglio forzarti» continuai. «Io ci andrò. Devo farlo. Devo trovare quel poliziotto e farmi dire tutto quello che sa.»

«L'informazione più recente che hai è di dieci anni fa, Scott, probabilmente il poliziotto è già morto da un sacco.» Esitò un istante. «E poi, cosa racconto ai miei? Dopo il party col morto di ieri sera, non sono dell'umore giusto per sentirsi dire che me ne vado a Los Angeles a indagare su un caso di reincarnazione...»

«Raccontagli una bugia.»

«Non so nemmeno chi sei, Scott.»

«Sì che lo sai.»

«E cosa dovrei dirgli, secondo te?» sbuffò.

«Che c'è in programma una gita scolastica. Ti darò una mano io a preparare una comunicazione che sembri abbastanza autentica.»

«Non so, è tutto così...»

La mia mano sulle sue labbra le impedì di finire la frase.

Avevo alzato casualmente gli occhi dietro di lei, e una scossa di adrenalina e terrore puro mi attraversò, come se avessi infilato le dita in una presa di corrente. Oltre la vetrata esterna della facciata, c'era una figura in piedi, immobile, che ci fissava. Era l'uomo che avevo già visto, sempre lui, ma questa volta aveva qualcosa di diverso, di non totalmente umano.

Era circondato da una specie di aura luminosa, un alone biancastro che lo avvolgeva facendolo spiccare per contrasto rispetto a tutto il resto intorno. Gli occhi nerissimi erano come due cavità oscure che attiravano magneticamente il mio sguardo. Mi sentivo come risucchiare in un abisso, come se abbandonandomi a quella forza ipnotica poi non sarei più potuto tornare indietro.

«Corri, corri!» esclamai, trascinando via Barbara per un braccio e mettendomi a correre giù per il corridoio.

«Ma cosa...» fece lei, spaventata.

«Non parlare e corri!» gridai.

Mentre schizzavamo come fulmini lungo il corridoio mi voltai appena per guardare indietro, ma al di là della vetrata non vidi più nessuno. L'uomo era scomparso. O forse stava venendo ad aspettarci dall'altra parte? Quel pensiero mi mise ancora più paura e mi fece correre ancora più forte. Arrivati alla porta laterale la spalancai per lanciarmi fuori, ma Barbara mi trattenne fermandosi all'improvviso.

«Aspetta, l'allarme!» esclamò. «Devo reinserirlo!»

Aveva ragione, me n'ero dimenticato. Restai sulla soglia a guardarmi intorno ansiosamente intanto che lei riattivava l'allarme.

«Muoviti, muoviti...» ripetevo in continuazione.

«Ok, fatto!» disse. I LED si riaccesero.

Mi raggiunse e chiuse la porta a chiave, poi scappammo via, allontanandoci dalla scuola il più in fretta possibile.

Corremmo nella notte gelida, fino a non avere più fiato. Ci fermammo all'angolo di una strada, piegati sulle ginocchia, senza riuscire nemmeno a parlare. Passarono un paio di auto, e il solo vederle mi rassicurò, come se fossimo tornati in territorio amico.

«Scott, tu non sei pazzo... di più» disse lei dopo un po', respirando rumorosamente. «Si può sapere cos'hai visto, là dentro? M'hai fatto prendere un colpo.»

«Non lo so» risposi in tono vago. Ero sicuro che sarebbe

stato inutile provare a spiegare. «Mi è sembrato di vedere qualcosa, una figura che ci spiava... Probabilmente era solo un riflesso sulla vetrata.»

Scosse la testa, senza fare commenti.

«Immagino che a questo punto non vorrai più venire con me a Los Angeles» aggiunsi, guardandola negli occhi.

Lei colse la muta preghiera che cercavo di esprimere con lo sguardo, perché qualcosa in lei cambiò.

«Ok, mi arrendo, non fare quella faccia» disse. «Verrò con te. Ma se salta fuori che sei uno psicopatico mi incazzerò di brutto.»

«Sarà un po' difficile incazzarti, se ti avrò già mangiato.»

Ridemmo tutti e due, liberando un po' della tensione accumulata nella nostra sconsiderata ma fruttuosa esplorazione notturna.

«Vuoi davvero che venga con te?» mi chiese alla fine.

«Non mi diresti mai di no» le risposi.

Ci sorridemmo.

16

Il mattino dopo, non erano ancora le sette quando entrai senza fare rumore nella stanza di mia madre. Stava dormendo, la sua sveglia avrebbe suonato tra non molto. Mi sedetti sulla sponda del letto e la svegliai dolcemente.

«Scott... tutto bene? Che ora è?» mi chiese aprendo gli occhi.

«Mamma, devo andare a Los Angeles» le dissi senza preamboli. Un po' cinicamente, volevo approfittare di quel momento in cui le sue difese erano abbassate.

«Come?» fece lei, confusa e assonnata. «Hai già fatto colazione? Scendo a preparartela...»

«Ho detto che devo andare a Los Angeles» ripetei.

«Di cosa stai parlando? Perché mai dovresti andare a Los Angeles?»

«Devo e basta.»

«Non essere ridicolo. Oggi andrai a scuola.»

«Mamma, è sabato, niente scuola...» dissi, poi rimasi zitto per darle il tempo di uscire dal letargo e assimilare quell'informazione.

«Mmm, è vero...» mormorò dopo un attimo. Si girò nel letto e guardò l'orologio sul comodino. «Comunque non importa, anche se fosse domenica o Natale tu non andrai...»

«Io andrò a Los Angeles. Oggi, adesso» la interruppi, alzandomi in piedi. «Ho voluto dirtelo, perché mi sembrava brutto lasciarti un biglietto sul tavolo... però tu cerca di non complicarmi sempre le cose.»

Kiara si mise a sedere sul letto, ora completamente sveglia.

«Si può sapere come ti viene in mente?» disse. «Con quali soldi pensi di pagarti il viaggio? E dove andrai a stare? E soprattutto, cosa avresti di tanto importante da fare a Los Angeles?»

«C'è una cosa che devo risolvere. Me la caverò.»

«Scott, non puoi venirtene fuori di punto in bianco, una mattina alle sette, con questo capriccio di andare a Los Angeles. La vita non funziona così!»

«Userò i soldi del mio fondo per il college, se è questo che ti preoccupa» replicai con calma. «Andrà tutto bene.»

«È uno scherzo? Farai bene a dirmelo.»

«Non lo è. Ti chiamo appena arrivo.»

Mi girai e mi diressi alla porta.

«Tu non vai da nessuna parte» mi intimò.

Uscii e mi chiusi la porta alle spalle. Esitai un attimo, facendomi coraggio. Stavo per superare un confine oltre il quale non sarei più potuto tornare indietro. Mentre scendevo le scale, sentii mia madre che mi chiamava, poi la porta della sua stanza si spalancò.

«Scott, aspetta!»

Scesi al piano di sotto e raggiunsi la porta d'ingresso.

«Scott, torna indietro! Scott!»

Mi misi in spalla lo zainetto che avevo lasciato già pronto su una sedia e uscii di casa senza voltarmi. Mi sentivo male per quello che le stavo facendo, ma era la mia ultima occasione di prendere in mano il mio destino. Di provare a cambiare le cose. Se non l'avessi fatto, mi sarei condannato a una vita di ossessioni, di incubi, di oscure presenze... Come l'apparizione notturna di quell'uomo, dietro la vetrata della scuola, che non riuscivo a togliermi dagli occhi. Non avrei potuto sopportare di vivere perseguitato per il resto dei miei giorni. Meglio rischiare il massimo, per vincere il massimo.

O perdere tutto.

Feci colazione in un fast food, dove aspettai con una certa

ansia l'orario di apertura delle banche. Ogni persona che incontravo aveva quei maledetti timer sulla testa e mi creava un'ansia pazzesca.

L'anno prima mia nonna Ann, la madre di Kiara, aveva affittato una cassetta di sicurezza a mio nome. Così, quando mi presentai alla nostra banca, la funzionaria, un po' perplessa, mi accompagnò nell'area riservata e si ritirò dopo avermi consegnato la cassetta.

Il suo timer segnava 5:7:25.

«Si goda la vita» le dissi con uno sguardo quasi impietosito.

«Cosa?» mi rispose perplessa.

«No, nulla, le consiglio di godersi la vita, perché non si sa mai quando possa finire!»

Ecco la mia cassetta. La aprii. Dentro c'era una busta marrone che conteneva una piccola somma in contanti e un biglietto.

"Questo denaro ti farà comodo per il college. Tua nonna Ann."

Leggendolo mi sentii salire le lacrime agli occhi. Stavo facendo qualcosa di inutile e sbagliato, sicuramente. Come un tradimento, come rubare in casa propria. Però era quello che mi dicevano di fare la mente e il cuore. Stavo lottando per la mia vita, per la mia libertà, per il mio futuro... c'era un uso migliore che avrei potuto fare di quei soldi?

Ricacciai indietro il senso di colpa e presi il denaro dalla busta, che lasciai insieme al biglietto nella cassetta di sicurezza, e uscii dalla banca. Promettendo a me stesso che, se tutto fosse andato bene, avrei trovato il modo di guadagnare quella stessa somma per rimetterla dentro la busta. Come se niente fosse successo e tutto potesse un giorno tornare come prima. Dopodiché andai direttamente a un autonoleggio dove avevo appuntamento con Barbara.

Lei era già lì, puntuale, con una sacca a tracolla per il viaggio. Entrammo insieme nell'ufficio della compagnia. Con la piccola somma di cui disponevo, non avremmo potuto fare molto i difficili, dato che sarebbe dovuta bastare per il carburante, per almeno una notte in un qualche motel e per non morire di fame. Quindi non battei ciglio quando l'impiegato, dopo avere scartato un paio di opzioni troppo care per una coppia di clienti così improbabili, alla fine ci propose un vecchio furgoncino beige tutto scassato.

«A Los Angeles con questo relitto non ci arriveremo mai» mi disse Barbara, guardando con aria cupa il VAN parcheggiato sul retro fra le altre macchine.

«Ce la faremo, vedrai» dissi io, con ottimismo un po' stiracchiato.

«Adesso sei diventato un oracolo? Un altro dei tuoi poteri speciali?»

«Fidati di me.»

«Lo sto facendo, ed è proprio questo che mi preoccupa...»

«Allora, ragazzi, cosa decidete?» fece l'impiegato, interrompendo il nostro battibecco. Il suo sorriso standard si era spento già da un po'. «Questo è il massimo che posso...»

«Lo prendiamo» risposi. «È perfetto per noi.»

Non sembrò molto convinto, ma in fondo non erano affari suoi. Sbrigate tutte le pratiche, ci consegnò le chiavi. Poco dopo, mentre stavamo per salire a bordo del nostro potente mezzo, mi squillò il cellulare.

«È mia madre» dissi guardando il display. Questa non ci voleva.

«Devi tranquillizzarla» mi consigliò Barbara. «Anche per evitare che si rivolga alla polizia per farci riportare indietro...»

Annuii. Aveva ragione lei.

«Ciao, mamma» dissi, rispondendo alla chiamata.

«Ciao, Scott» disse Kiara. Il suo tono era calmo, come al solito doveva essersi pentita di aver perso le staffe. «Dove sei?»

«Sto partendo adesso, ti avrei chiamato più tardi.»

«Allora sei proprio convinto... Non c'è niente che possa farti cambiare idea?»

«No, niente.»

Vidi Barbara che saliva sul furgoncino per lasciarmi libero di parlare, e lo apprezzai molto.

«Cerca di avere fiducia in me, mamma. Lo sto facendo per me, ma lo sto facendo anche per te, per noi... Da troppo tempo va avanti questa situazione, e io non ce la faccio più. Devo capire quello che mi sta succedendo. Quanto pensi che potrei resistere, quando i miei compagni, i professori, perfino mia madre, mi guardano come si guarda uno squilibrato? Uno che magari, chissà, un domani potrebbe diventare un serial killer?»

«Scott, io...» provò a dire lei, e sentii la sua voce incrinarsi.

«Credimi, mamma, non te ne sto facendo una colpa. Io ti capisco, davvero. So tutto quello che hai passato, io c'ero e ho visto. Ma ti chiedo solo, per un'ultima volta, di provare a capire me. Dammi ancora un'occasione per riprendermi la mia vita. Poi non ti chiederò mai più niente.»

Mi fermai, senza fiato. Quasi non credevo di essere riuscito a dire tutte quelle cose che mi tenevo dentro da tanto, troppo tempo. E forse non ci sarei mai riuscito se fossimo stati l'uno di fronte all'altra, seduti al tavolo di cucina.

«Abbi cura di te, Scott» mi disse con un filo di voce, dopo un attimo di silenzio. «Ti voglio bene.»

«Anch'io, mamma, te ne voglio anch'io» dissi, ma lei aveva già chiuso la telefonata.

Esitai per qualche secondo a fissare il display, incerto se richiamarla, poi mi accorsi che tutto ciò che doveva essere detto era stato detto. Rimisi in tasca il cellulare e raggiunsi Barbara a bordo del VAN con l'espressione più rassicurante che mi riuscì di sfoggiare.

«Tutto ok?» mi chiese lei un po' preoccupata.

«Tutto sistemato» risposi, mettendo in moto. «Los Angeles, aspettaci, stiamo arrivando!»

17

Viaggiavamo da ore sulla Highway 101, era ormai tardo pomeriggio. Il cielo si andava scurendo, mentre lunghe ombre si stendevano sul meraviglioso paesaggio che ci circondava. Era stato proprio il mutato paesaggio intorno a noi a darmi la sensazione del grande passo che avevo compiuto. Lungo la strada costiera che dallo Stato di Washington scendeva giù fino in California, dopo i boschi e le montagne del Cascade Range, ammirare l'oceano nel primo tratto che correva nell'Oregon mi aveva riempito di entusiasmo, di un senso di libertà e di onnipotenza degno di Nietzsche!

Come se tutto il mondo fosse ai miei piedi, pronto a essere conquistato da un ragazzino che dalla sua cittadina a nord di Seattle se n'era partito in cerca di risposte a domande forse impossibili. Come poteva succedere di svegliarsi un giorno ritrovandosi capaci di attirare oggetti con una specie di forza magnetica? O di attivare risorse sconosciute semplicemente usando un normalissimo computer? Da dove provenivano quei poteri inspiegabili di cui nemmeno avevo il pieno controllo? E i timer che scandivano la vita delle persone, e che mi diventavano visibili all'improvviso solo in certi momenti? Forse il mio corpo stava cambiando insieme alla mia mente, ed ero soltanto all'inizio di un cammino evolutivo, di una mutazione che mi stava trasformando in qualcos'altro...

O in *qualcun* altro?

Domande, domande, e nessuna risposta ai troppi enigmi che mi collegavano a Mark Demmert, alla sua morte circondata di misteri, ai ricordi così precisi nella mia mente di una vita che non potevo aver vissuto, eppure... che sentivo di aver vissuto. Ne portavo il marchio a fuoco dentro di me, un marchio indelebile che solo un'esperienza provata sulla propria carne può lasciare.

E poi c'era l'uomo in bianco, con la sua presenza in tutti i momenti decisivi di quella mia ricerca della verità. Come se stesse controllandomi, seguendo tutti i miei passi, ma senza mai interferire, senza cercare di comunicare con me, darmi un messaggio... Era amico o nemico? Vigilava per proteggermi o per sorvegliarmi? Non lo sapevo. In realtà non sapevo niente, e stavo facendo un vero e proprio salto nel buio, forse un salto mortale senza rete. Ma per me quell'avventura era anche una specie di battesimo della vita adulta. Come se mi fossi staccato di colpo da tutto ciò che mi teneva legato al passato, a mia madre, per entrare in una nuova dimensione. Non volevo più che fossero altri a decidere per me.

E se avessi commesso un errore, be', almeno non avrei potuto accusare nessun altro che me stesso.

Diedi un'occhiata a Barbara che sonnecchiava sul sedile del passeggero, con la testa reclinata da un lato. Avevamo fatto soltanto una sosta ad Astoria, per uno spuntino e per rifornirci di carburante. Durante il viaggio avevamo chiacchierato e ascoltato un po' di musica, ma per lo più ce n'eravamo stati in silenzio, immersi nei nostri pensieri. Quanto sarebbe stato diverso, senza di lei... Forse non avevo mai davvero pensato di partire da solo, perché ero sicuro che sarebbe venuta con me. Fin dal primo momento avevo capito che c'era tra noi un'affinità tutta speciale, un legame che si stava rafforzando e che, secondo me, sarebbe potuto durare per sempre.

Per sempre. Chissà se quell'espressione aveva davvero un senso, alla luce di quello che stavo scoprendo sulla mia vita, sulla vita di tutti noi.

Per sempre...

Le mani sul volante e l'attenzione concentrata sulla strada, da qualche minuto faticavo a tenere gli occhi aperti. Provai a riaccendere l'autoradio, a un volume non troppo alto, e ad abbassare il finestrino per aiutarmi a rimanere sveglio. Non servì a granché. Le palpebre ripresero a pesarmi come macigni, anche se ero convinto di avere il pieno controllo della situazione. Ma mentre lo pensavo, non mi ero reso conto che gli occhi dovevano già essermisi chiusi.

Lo capii nel momento in cui il furgoncino, sbandando, passò sopra la striscia di sicurezza. Il rumore prodotto dalle ruote mi svegliò di soprassalto. Sterzai bruscamente per riportare il VAN nella carreggiata e per poco non urtai una macchina che viaggiava nella corsia accanto. Barbara lanciò un grido, svegliandosi di colpo anche lei.

«Ok, ok, non è successo niente!» feci io, riprendendo il controllo del veicolo mentre intorno a noi risuonava un coro inferocito di clacson. «Tutto a posto...»

Continuai a guidare, mentre il battito del cuore calava a un ritmo normale.

«Sarà meglio fermarsi e riposare un po'» disse Barbara, passato lo spavento. «Ormai è quasi sera, e sei al volante da un sacco di ore.»

«Lo so, ma non abbiamo abbastanza soldi per pagarci una stanza» dissi io. «Ci servono per quando saremo a Los Angeles.»

«Io qualche soldo con me ce l'ho.»

«Non se ne parla neanche» replicai orgoglioso. «In questa cosa devo riuscire ad arrangiarmi con quelli che ho.»

«Allora potresti usare i tuoi poteri per moltiplicarli.»

La guardai male.

«Ok, scusa» disse lei. «Però hai davvero bisogno di riposarti. Non puoi pensare di fare tutta una tirata senza chiudere occhio. E poi tra un po' farà buio.»

Si voltò a guardare nel retro del furgoncino, occupato da attrezzi, cuscini e coperte, una ruota di scorta.

«E se provassimo lì dietro?» chiese. «Ho dormito in posti peggiori.»

«Immagino che fosse proprio il tuo sogno, passare la notte dentro un furgoncino schifoso in mezzo al nulla...»

«Magari lo era, che ne sai?» disse con un sorriso. «E poi sono qui con te, no?»

Dopo una breve sosta a Brookings, continuai a guidare per un breve tratto di strada poi, una volta entrati in California, decidemmo di fare tappa per la notte in un'area di sosta all'altezza di Mendocino. Mi piazzai nel parcheggio di un drugstore e spensi il motore. Fuori era già buio da un bel po'. Ci arrampicammo sui sedili per infilarci nel retro del furgoncino.

«Preferisci gli attrezzi o la ruota di scorta?» chiese Barbara.

«Lascio scegliere alla signora.»

«Non sono una signora.»

«Lo so, parlavo di me.»

Ridemmo insieme, poi ci sistemammo alla bell'e meglio e ci ritrovammo stesi l'uno accanto all'altra in un silenzio imbarazzato.

«Non sarà il massimo del comfort, ma è intimo, non trovi?» fece lei a un certo punto. «Ci manca solo la capote aperta sul cielo stellato e sarebbe perfetto.»

Io la sfiorai timidamente con una mano, lasciando scorrere le dita sul suo corpo, insinuandole pian piano sotto i vestiti.

A un tratto mi prese la mano, trattenendola, e io la ritrassi di scatto.

«Scusami, scusami...» dissi, arrossendo come uno alle prime armi, e per fortuna che eravamo al buio. «Adesso penserai che sono uno stronzo completo.»

«No, va tutto bene, è solo che...» disse. «Be', non mi ero immaginata la mia prima volta nel retro di un furgoncino parcheggiato in autostrada.»

Rimasi in silenzio, senza riuscire a trovare uno straccio di cosa da dire. Lei si tirò su a guardarmi, poi mi riprese la mano e se la guidò sul seno. Io la tenni lì, col respiro che mi mancava in gola, sentendo il calore del suo corpo sotto le dita. Barbara mi sorrise e mi baciò. La attirai verso di me, stringendola, abbandonandomi a quel bacio profondo e dolcissimo...

Mark a letto con Lisa.

Lei è giovane, e molto bella.

La scena passa come un lampo che squarcia le tenebre...

Feci un balzo indietro, allontanandomi da Barbara.

«Ehi, ma che cavolo...!» esclamò lei.

Restai senza parole per un attimo, guardandola come se non la riconoscessi, come se fossi sorpreso di trovarmi davanti lei e non un'altra. Poi scossi la testa e mi riavvicinai, posando le labbra sulle sue, ma non era già più la stessa cosa. Era come se avessi paura che quel contatto...

Mark e Lisa stretti in un abbraccio appassionato...

Ora il flash era stato più breve, ma sferzante come una scossa elettrica. Fu più forte di me. Mi ritrassi di nuovo, bruscamente.

«Faccio così schifo?» chiese Barbara fissandomi.

«Scusami, non è colpa tua» dissi.

«Allora, se non sono io, il problema sei tu?»

Questa volta l'avevo ferita per davvero, e non sapevo come giustificarmi.

«È così?»

«Non so cosa mi sia successo, ma mentre ti baciavo...»

«Cosa?»

«Niente, non lo so» tagliai corto, tornando a stendermi. Ero abbastanza sicuro che, qualunque cosa avessi detto, non avrei fatto altro che peggiorare la situazione. «Forse dovremmo provare a dormire un po'.»

Barbara rimase per un istante a osservarmi, alla luce fioca dei neon che trapelava dai finestrini oscurati. Poi si girò dall'altra parte senza rispondere. Io mi misi a fissare il tettuccio dell'abitacolo. Non osavo chiudere gli occhi, per paura di vedere ancora...

Mark a letto con Lisa.

Un corpo insanguinato sull'asfalto.

Le luci lampeggianti delle sirene...

Mi afferrai la testa fra le mani, mentre un urlo doloroso, lacerante, mi saliva dalle viscere e mi perforava il cervello. Aprii la bocca come per gridare, ma non uscì alcun suono. Le braccia mi ricaddero sul giaciglio improvvisato, e me ne restai lì, tremando per la tensione che mi scorreva nelle vene. Qual era il segreto che si annidava nelle pieghe della mia memoria, in qualche angolo nascosto della mia mente? Ed esisteva, quel segreto, oppure... stavo davvero impazzendo?

18

Mi svegliai che la luce del mattino invadeva già l'abitacolo del VAN. Come mi succedeva spesso, impiegai un po' a rendermi conto di dove mi trovassi. Accanto a me, Barbara dormiva ancora. Muovendomi senza fare rumore, tornai a sedermi al posto di guida e pulii via la condensa dal parabrezza appannato. Era una giornata di sole, senza nubi. Nel parcheggio del drugstore c'erano parecchie macchine e un certo viavai di persone.

Notai che la gente passava davanti al nostro furgoncino malmesso senza mancare di scuotere la testa manifestando tutto il proprio disgusto. Dovevano averci presi per una carovana di hippie fuori tempo massimo. Cercai di darmi almeno un aspetto decente sistemandomi i capelli nello specchietto retrovisore.

In quel momento Barbara si svegliò. La sentii muovere nel retro del furgoncino.

«Buongiorno» le dissi, voltandomi indietro.

Si guardò intorno con aria disorientata.

«Buongiorno» mormorò mentre si sistemava la maglietta, alzando gli occhi verso di me solo di sfuggita.

«Senti, mi dispiace davvero molto per stanotte...» cominciai, forse sbagliando il momento. Non era mai stata la mia specialità, dire le cose quando andavano dette.

«Lascia perdere, abbiamo cose più importanti a cui pensare» replicò Barbara, accomodandosi di fianco a me sul sedile anteriore. «Metti in moto questo catorcio e andiamocene, prima che a qualcuno venga in mente di chiamare la polizia.»

In effetti la diffidenza che ci circondava era piuttosto evidente. Niente di più facile che potesse intervenire un qualche vigilante in servizio al drugstore.

Avviai il motore, mi fermai al primo distributore per fare il pieno, e poi riprendemmo la 101 in direzione San Francisco.

Io stavo per tornare all'attacco con le mie scuse, quando il cellulare di Barbara iniziò a squillare.

Lei guardò il display senza decidersi a rispondere. «È mia madre» disse.

«Quando il telefono emette quel suono significa che dovresti rispondere, mi sa» dissi. «Io, ieri, a mia madre ho risposto.»

Barbara fece una smorfia, mi raccomandò di stare zitto e accettò la chiamata.

«Ciao, mamma, come stai?» rispose. «Mi sono appena svegliata... Sì, sono con le altre ragazze. Ieri sera ci siamo divertite un sacco...» Mi diede un'occhiata sarcastica. «Oggi credo che andremo a vedere il Grand Canyon... Sì, certo, ti chiamo io stasera, ciao.»

«Cessato allarme?» chiesi.

«Sì, almeno per il momento» rispose. «Ma dubito che la storiella reggerà per molto. Quella finta comunicazione della scuola che mi hai mandato per mail faceva pena. Mia madre se l'è bevuta solo perché si era appena alzata.»

Non dissi niente, perché era chiaro che aveva il dente avvelenato con me. Però quel comunicato era un discreto falso, l'avevo copiato da uno autentico dell'anno prima e ne andavo abbastanza orgoglioso. Certo, sarebbe bastata una telefonata fra genitori, o direttamente alla scuola, per smascherare il trucco.

Per un po' viaggiammo senza parlare, in mezzo al paesaggio che cambiava ancora. Le coste irregolari del Nord erano un ricordo, sostituite da vaste spiagge sabbiose.

Io aspettavo il momento buono per spiegare a Barbara in qualche modo la mia reazione di quella notte, ma poi fu lei a entrare in argomento.

«È perché non ho abbastanza tette?» mi chiese all'improvviso. «Tutto questo delirio di viaggio era un piano diabolico per fare sesso in un furgoncino?»

«Come? No, certo che no!» protestai.

«E allora cosa è andato storto? Non so baciare bene?»

«No... voglio dire, sì! Tu baci benissimo.»

«Ovviamente. Quindi tu eviti sempre di baciare una grande baciatrice... Perché è quello che hai fatto.»

«Scusa, non ti seguo.»

«Se c'è qualcosa che non va in me, puoi dirmelo. Sopravviverò. Se ti piace qualcun'altra non c'è problema, davvero.»

«Te lo giuro, non c'è niente che non va in te.»

«Magari ti piacciono le ragazze tipo Barbie, ma va benissimo» continuò lei, come se nemmeno mi ascoltasse. «Accomodati pure e trovatene una carina.»

«Io non voglio una carina, io voglio te!»

«Prego?!» fece Barbara, gelida.

«Oddio, no, non volevo dire così!» Dovevo cercare di rimediare, ma mi confondevo sempre di più e allo stesso tempo ero impegnato a guidare. «Tu sei carina, sei fantastica... Sei la ragazza più bella che abbia mai incontrato, sul serio!»

«Mmm, d'accordo, continua pure» fece lei, già un po' ammansita.

«Stanotte, non so, è successo qualcosa» provai a spiegarle. «Quando ti ho baciata, ho visto qualcun altro nella mia mente... Ok, prima che lo dica tu, non intendo che stavo pensando a un'altra... È stato come se mi fossero apparsi davanti agli occhi Mark e sua moglie. Dev'essere per il fatto che mi identifico in lui e mi sembra di rivivere le situazioni che ha vissuto lui, non so più cosa pensare...»

Feci una pausa per riprendere fiato e sbirciai con la coda dell'occhio per vedere le sue reazioni. Sembrava essersi calmata.

«Credimi, se non te ne ho parlato subito, è stato solo per non darti una ragione in più per credermi pazzo» aggiunsi.

«Io non credo che tu sia pazzo» disse Barbara.

«Davvero?»

«Davvero.»

Distolsi un attimo lo sguardo dalla strada per allungarle un bacio, e sbandai leggermente ostacolando un SUV in fase di sorpasso. Per fortuna me ne accorsi subito e sterzai bruscamente per lasciarlo passare, dopo aver incassato la mia razione quotidiana di clacson e insulti vari.

«Sarà meglio che guardi avanti, ritardato» mi fece lei. «Abbiamo già avuto ieri pomeriggio la nostra dose di emozioni forti.»

«È la tua bellezza che mi distrae» dissi io, cercando goffamente di avere l'ultima parola.

«Sei proprio matto» rise Barbara. «E io non devo essere del tutto normale a mettere la mia vita nelle tue mani...»

Risi anch'io, ma a denti stretti. E durante l'ultimo tratto che ci separava dalla nostra destinazione finale, quella sua frase mi riecheggiò in mente con una sfumatura sinistra. Come qualcosa che già avrei dovuto sapere.

19

«Ecco, è là» disse Barbara, allungando il braccio fuori dal finestrino.

La sede del distretto di polizia. Un edificio basso, anonimo, somigliante a mille altri.

Era il primo pomeriggio, e faceva un discreto caldo per due che arrivavano dritti dritti dal lontano Nord. Da una mezz'ora stavamo percorrendo a passo d'uomo le strade di Los Angeles sul nostro furgoncino. Quella era la città più dannatamente grande e caotica che avessi mai visto.

Controllando la mappa e l'indirizzo sullo smartphone, Barbara mi aveva dato le indicazioni per raggiungere il distretto. Parcheggiai e le diedi un'occhiata che stava a significare: "Sei proprio convinta di volerlo fare?".

Insomma, mi rendevo conto di averla trascinata in una delle mie follie da sconsiderato, e adesso cominciavamo a fare sul serio. Finora era stato un po' come giocare ai detective dilettanti, ma tra un attimo ci saremmo trovati davanti a dei poliziotti veri. Che notoriamente avevano poca voglia di scherzare, tantomeno con due sbandati come noi.

Lo sguardo di Barbara non lasciava dubbi. Un istante dopo, lei era già scesa e stava attraversando la strada. Le andai dietro, cercando di non finire sotto un'auto e concludere così la nostra avventura. Mentre salivamo le scale d'ingresso, lei davanti e io a qualche metro, mi girai casualmente a guardare indietro. Non so perché lo feci. Poteva essere stato un gesto istintivo per controllare il furgoncino parcheggiato. Ma non era stato quello il motivo. Era stato come se...

Come se mi fossi sentito *chiamare*.

Qualcosa, un impulso che non saprei spiegare o una voce interiore, mi aveva *chiesto* di voltarmi.

E io l'avevo fatto.

Sul marciapiede opposto c'era un uomo di colore. Camminava nella nostra direzione. Sul momento lo notai appena, poi di colpo mi misi a fissarlo.

E lui... ecco, lui si girò verso di me.

Non era possibile. Era lo stesso uomo in bianco che mi seguiva dappertutto, avvolto in quella strana aura che lo separava dal contesto in cui si muoveva. Sempre lui, anche a centinaia di miglia di distanza. Sempre lui!

Mi sentii invadere da una rabbia improvvisa, ero stanco di dover subire quella specie di persecuzione senza poter reagire, senza nemmeno poter capire cosa diavolo stesse succedendo e perché quel tizio continuasse a comparire in tutti i posti in cui andavo...

Stavo per correre dall'altro lato della strada per affrontarlo, quando passò un'auto che mi coprì la visuale per un attimo. L'uomo non c'era più. Aguzzai la vista, ma niente da fare. Si era dissolto nel nulla, ancora una volta.

«Ehi, ritardato» sentii la voce di Barbara che mi chiamava, in cima alle scale. «Se pensi di startene lì mentre io mi faccio arrestare per te, hai capito male.»

«No, aspetta, l'hai visto anche tu quel...?» cominciai.

«Cosa?» mi chiese. Poi, senza aspettare la mia risposta, si infilò oltre la porta del distretto.

Doveva averne abbastanza delle mie visioni inspiegabili. Probabilmente passavo per uno di quei tizi che sostengono di aver visto un ufo, ma poi non hanno mai uno straccio di prova per dimostrare che non sono dei mentecatti.

«Niente» risposi rivolto a nessuno, giusto per non lasciare in sospeso la domanda di Barbara.

In fondo, forse era davvero niente quello che avevo visto. Forse la mia mente mi mostrava cose inesistenti perché si stava... disgregando? Era così che si manifestava la follia? Mi ricordavo di aver letto, una volta, di uno scrittore terrorizzato dall'idea di impazzire. Magari era così che cominciava, la tua percezione del mondo esterno si frantumava lentamente e si mescolava con le invenzioni della tua mente...

Entrai nell'atrio del distretto, affollato da agenti in divisa e altri che potevano essere cittadini comuni o magari poliziotti in borghese. Ero talmente sulle spine che mi sentivo addosso gli occhi di tutti.

C'erano persone in attesa, un brusio e un ticchettio di tastiere in sottofondo. Un'ordinaria giornata in un posto di polizia qualsiasi.

Raggiunsi Barbara davanti al front desk, presidiato da un donnone sui cinquanta abbondanti con i capelli bianchi, corti, occupata a mangiare un sandwich enorme sulla sua sedia. Quando ebbe indirizzato una persona verso un ufficio, fu il nostro turno.

«Salve, cerchiamo un agente di polizia» cominciò Barbara tentando di mettere insieme uno dei suoi sorrisi più decenti. Mi accorsi in quel momento che il suo viso, pur stupendo, non era fatto per sorridere. C'era in lei una malinconia così profonda, quasi dolorosa, che mi aveva attratto da subito ma che, certo, non si accordava con quelle smorfie di circostanza.

L'impiegata alzò gli occhi con calma da una pratica chiazzata dall'olio del sandwich che teneva in una mano. Sembrava che anche solo il movimento oculare le fosse costato una grossa dose di pazienza. Ci aveva già catalogati come due scocciatori, di sicuro.

«Di agenti di polizia ce ne sono un mucchio, qui dentro, signorina» disse con una voce incolore. E tornò ad abbassare gli occhi.

«Si chiama Anthony White» aggiunse Barbara appoggiandosi coi gomiti al bancone, che le arrivava all'altezza del petto. In quel modo fece capire che non si sarebbe lasciata liquidare tanto facilmente.

La donna sospirò, allungò la mano libera verso il mouse e ripeté il nome mentre scorreva delle schermate al computer, tenendo il sandwich ben saldo nell'altra mano.

«Spiacente, non è più qui da noi» fu il responso definitivo. Quindi la donna riabbassò lo sguardo sulle carte. Fosse stato per lei, quella simpatica conversazione era già arrivata al termine. Se la cosa non fosse stata tanto seria per me, mi sarei messo a ridere per l'assurdità della situazione. Quell'attempata funzionaria sembrava un po' una zia burbera che ci stesse dicendo: "Ok, vi siete divertiti, ma adesso datemi retta, avete un'ultima occasione per tornarvene a casa senza danni". Non le demmo retta.

«È ancora in servizio da qualche altra parte?» chiese Barbara, sempre con quel sorriso artificiale tipo Joker dipinto sulle labbra.

«È andato in pensione sei anni fa» rispose la donna.

«Ha un suo recapito, o un numero di telefono?» intervenni io, per non sembrare soltanto un pezzo d'arredamento.

«Sì, certo che ce l'ho» mi rispose il donnone. Poi tornò a guardare in basso, ignorandoci in modo plateale.

«Potrebbe darcelo?» insistette Barbara. «Sarebbe molto importante se potessimo parlare con...»

«Sono informazioni riservate, è ovvio, no?» replicò la donna, stavolta senza più alzare lo sguardo. Era decisamente stufa di noi.

«Ascolti, agente... Patterson» continuò Barbara, leggendo il nome dell'impiegata sul badge «abbiamo fatto un sacco di strada per venire fin qui a parlare con questo suo collega, cioè *ex* collega. Abbiamo davvero bisogno di quell'informazione.»

«E io ho davvero bisogno che mi lasciate lavorare» replicò la donna. «Buona giornata.»

Ci squadrò arrogante, con l'aria di voler chiudere la faccenda una volta per tutte. Da quel punto in avanti, avremmo rischiato di farci buttare fuori letteralmente. O, peggio ancora, che qualcuno si mettesse in testa di scoprire perché mai cercassimo informazioni su un poliziotto: qualcosa mi diceva che le mie spiegazioni non sarebbero riuscite troppo convincenti. Come minimo avrebbero chiamato un assistente sociale.

Avrei tanto voluto allungare una mano e toccare lo schermo, per vedere se coi miei "poteri" potevo magari *risucchiare* le informazioni che ci servivano... ma non ci provai neppure. Quei poteri, o cosa cavolo erano, andavano e venivano quando pareva a loro, e avrei rimediato una figura da idiota. E poi il donnone non ci staccava gli occhi di dosso. Voleva sul serio che ci togliessimo dai piedi, subito.

Allora, cogliendomi di sorpresa, Barbara si girò per andarsene.

Stavo per fermarla, stupito e deluso che abbandonasse il campo con tanta facilità, quando urtò col braccio un barattolo pieno di matite, che si sparsero sul bancone e anche sul pavimento, dietro la postazione dell'impiegata.

«Oh, mi dispiace moltissimo!» esclamò Barbara con il tono più falso che le avessi mai sentito.

«Non importa, levatevi di torno» replicò il donnone, posando il suo sandwich nel piattino di plastica. Poi sbuffando si girò a raccogliere le matite.

Barbara approfittò di quella momentanea distrazione per sporgersi sul bancone e dare una sbirciata allo schermo del computer.

Si ritrasse un attimo dopo, guardandomi con un'aria furba e trionfante tipo Sherlock Holmes quando risolve un problema sotto il naso del povero Watson. Che in quel caso ero io.

«Allora grazie lo stesso, buona giornata» disse rivolta alla donna, ancora chinata a terra.

L'unica risposta fu un borbottio stizzito, e noi ci avviammo rapidi all'uscita.

«Ce l'hai?» chiesi un attimo prima che ci mettessimo a correre giù per la scalinata, diretti al nostro furgoncino.

«Ce l'ho» fece Barbara strizzandomi l'occhio.

Il signor Anthony White, ex agente della polizia di Los

Angeles ora in pensione, stava per ricevere una visita che di certo non si sarebbe mai aspettato. Mentre uscivamo in strada, mi guardai intorno con apprensione, convinto di rivedere l'uomo di colore da qualche parte, magari fermo all'angolo o a bordo di un'auto. Non c'era, e per il momento non ci pensai più.

20

Barbara e io ce ne stavamo da qualche minuto seduti nel furgoncino, parcheggiato lungo un viale, a osservare la casa di White a Glendale. Era una villetta unifamiliare come tante altre, in quel sobborgo settentrionale di Los Angeles. Tendine di pizzo alle finestre, un piccolo giardino ben curato, garage, staccionata ridipinta di fresco. La ricompensa della società per un servitore dello Stato, dopo qualche decennio di onorata carriera. C'era qualcosa di molto triste, in tutto ciò.

«E adesso che gli raccontiamo, a questo signor White?» dissi. «Ieri abbiamo viaggiato per un giorno intero e nemmeno ci abbiamo pensato. Ci prenderà per degli svitati.»

«Lo spero proprio, così dopo saremo liberi e potremo fare un salto a Hollywood» disse lei.

«Molte grazie.»

Feci una smorfia e Barbara rise.

«Insomma, digli come stanno le cose... e magari per convincerlo fai un po' di quelle tue strambe magie con il computer.»

«Come no, e dieci minuti dopo ci ritroviamo in un'ambulanza con la camicia di forza.»

«Tu ti metti troppe paranoie, tanto poi le cose non vanno mai come uno si aspetta» fece Barbara, aprendo la portiera per scendere. «Andiamo?»

Percorremmo il breve vialetto d'accesso e bussai alla porta con un po' di nervosismo. Tutt'intorno si sentivano i rumori normali di un mondo normale che andava avanti, indifferente a noi. Un'auto di passaggio, la voce lontana di un bambino che faceva i capricci, il suono scoppiettante di un tagliaerbe. L'anomalia, nel quadretto, eravamo noi due in piedi su quella soglia.

Pochi istanti dopo venne ad aprire una signora sulla sessantina.

«Sì, desiderate?» chiese con aria circospetta, squadrando l'abbigliamento alternativo di Barbara.

«Buongiorno, il signor White è in casa?» rispose lei in un tono da brava ragazza che si accordava poco con tutto il resto. «Avremmo bisogno di parlare con lui.»

«Un momento.»

La donna scomparve nell'ingresso dopo aver accostato la porta. Ci scambiammo un'occhiata di incoraggiamento: il primo ostacolo sembrava superato. In fondo avrebbe potuto chiuderci la porta in faccia senza tanti complimenti.

Al suo posto si presentò poco dopo un uomo in camicia a mezze maniche e pantaloni kaki, sembrava avere diversi anni in più della moglie. Capelli e baffi brizzolati, occhi di un azzurro chiaro, l'espressione bonaria ma sicura di sé.

«Sì?» fece osservandoci. Mentre il tono di voce era cordiale e privo d'interesse, come se fossimo stati due forestieri che chiedevano un'informazione, lo sguardo era quello penetrante di chi era abituato a studiare il prossimo quasi passandolo sotto uno scanner. Quell'uomo sarebbe rimasto un poliziotto fino all'ultimo giorno della sua vita, pensai.

«Salve, mi chiamo Barbara Fitz, e questo è il mio amico Scott Mason» disse lei. «Avrebbe un po' di tempo da dedicarci?»

«Il tempo non mi manca» rispose l'uomo, senza spostarsi di un millimetro. «Di che si tratta?»

«Vorremmo farle qualche domanda su un caso di cui si occupò circa sedici anni fa...»

«Sedici anni fa?» la interruppe lui con un sorriso blando. «Scusate, ma ultimamente mi ricordo appena di quello che ho fatto ieri.»

«Ci conceda solo cinque minuti» insistette Barbara. «Per favore, è una cosa molto importante per noi.»

White rifletté per qualche istante, scrutandoci ancora, poi si decise.

«Se è solo per cinque minuti... entrate pure.»

Si scostò per lasciarci passare e aggiunse ad alta voce, rivolto alla moglie: «Ellie, porta qualcosa da bere a questi due ragazzi».

Declinammo l'offerta, ringraziandolo, e ci ritrovammo poco dopo in un salotto immacolato, tenuto alla perfezione. Divano e poltrone in tinta con la carta da parati, portaritratti in argento con foto di famiglia sopra un mobile, un televisore gigantesco che doveva riempire le serate dell'anziana coppia. A una parete erano esposti dei trofei di caccia.

«Questi me li sono conquistati parecchio tempo fa» ci spiegò senza che avessimo chiesto niente, come se si sentisse obbligato a farlo. «Con la sei colpi ero il numero uno di tutta la contea, all'epoca. E il secondo con il fucile. Certo, parliamo di quand'ero un ragazzo, avrò avuto vent'anni, ventuno... Riuscivo a beccare un cervo a ottocento metri di distanza.»

Sorrisi senza fare commenti. Barbara invece era seria, non doveva apprezzare granché quel genere di souvenir.

«Sono appesi lì da un sacco di tempo» continuò White «Ellie ci tiene molto, dice che devo andarne fiero... Ma per la verità, ormai non riesco a fermare il tremito di questa dannata mano, quindi tutto questo per me non significa più niente.» Ci invitò con un gesto ad accomodarci sul divano. «Sono anche stato fotografato con il presidente, una volta. Ho il ritaglio di giornale da qualche parte, se vi interessa.»

«Oh, be'...» dissi stordito da quel fiume di parole, mentre mi sedevo.

«Non vogliamo rubarle troppo tempo, signor White» disse Barbara, sedendosi di fianco a me sul divano.

«Chiamatemi Tony, come fanno tutti» fece il padrone di casa con un gran sorriso, accomodandosi in una delle due poltrone di fronte a noi. «Allora, spiegatemi il problema, qual è il caso di cui volete sapere? Sedici anni sono un bel po' di tempo.»

Mi piantò addosso uno sguardo con cui sembrava scavarmi dentro. Altro che il signor Sutton... Rimasi lì come un allocco, senza rispondere.

«Dài, Scott, diglielo» fece Barbara, dandomi un buffetto d'incoraggiamento sul ginocchio. «Il signor White è stato così gentile da riceverci in casa sua, è qui per aiutarti.»

L'uomo annuì con un breve sorriso. Mi sembrava un grosso gatto sornione in attesa di mangiarsi il topo.

«Be', ecco... si tratta di Mark Demmert» mi decisi.

«Demmert? Demmert...» ripeté lui, frugando nei ricordi. «Dovrai darmi qualche indizio in più, figliolo. La mia memoria è un po' malconcia.»

«Quello di Mark Demmert fu una specie di caso irrisolto, lui era un broker che si era suicidato lanciandosi in un burrone con la sua Ferrari... vede?» dissi, mostrandogli la copia dell'articolo che avevo tirato fuori dallo zainetto. «Abbiamo letto che lei, signor... che lei, Tony, continuò a occuparsene per un po', perché era convinto che potesse essere stato un omicidio.»

Lui inforcò gli occhiali che teneva nel taschino della camicia e annuì lentamente, studiando la foto.

«Sì, adesso mi ricordo di quel caso» rispose alzando gli occhi su di noi e restituendomi il foglio. Poi si sistemò all'indietro contro lo schienale della poltrona, mettendo via gli occhiali. «Un tipo ambizioso, quel Demmert, forse un po' troppo, secondo me...»

«In che senso, Tony?» chiese Barbara.

«Ricordo che, poco prima di morire, stava lavorando all'acquisizione di una società, una multinazionale. Roba grossa, c'erano in ballo parecchi soldi. Feci qualche indagine, e alla fine poteva starci l'idea che qualcuno si fosse sbarazzato di lui. Però non avevo niente in mano per suffragare i miei sospetti, e l'ipotesi del suicidio era quella più evidente. Dopotutto, bisogna tenere conto che la moglie di Demmert...»

«Lisa» dissi io prontamente.

«Esatto, si chiamava proprio Lisa» fece White, colpito dalla mia preparazione sull'argomento. «Be', lei era morta in un terribile incidente: può anche darsi che lui non fosse riuscito ad accettarlo e quindi si sia ucciso... Ma perché vi interessa? È roba di tanti anni fa.»

Il suo sguardo tornò a passarci ai raggi x. Ora per me veniva la parte più difficile.

«Il fatto è che... continuo a sognarlo» risposi facendomi coraggio.

«Credo di non capire.» Perplesso.

«Neanch'io, se è per questo.»

Molto perplesso.

Per qualche istante rimanemmo in silenzio. Si sentiva solo ticchettare un'assurda pendola finto antica che avevo notato nell'ingresso.

«Quindi mi stai dicendo di aver sognato quel tizio?» riprese White con un leggero movimento sulla poltrona, come se si stesse preparando ad affrontare qualcosa di imprevisto: due giovani pazzoidi seduti nel suo impeccabile salotto.

«Esatto» risposi, cercando di mantenere un contegno di fronte alla sua palese incredulità. «Ma non una volta o due, mi succede da parecchio.»

«Era un tuo parente, o qualcosa del genere?»

«No, un totale estraneo. Ed è per questo che vorrei saperne di più.»

«I sogni sono soltanto sogni, ragazzo mio» disse comprensivo l'ex poliziotto, abituato a sentirsi raccontare storie ben diverse dalla mia. «Non posso esserti d'aiuto in questo campo.»

Fece per alzarsi dalla poltrona, come per congedarci, ma lo anticipai.

«Devo scoprire perché lo sogno» dissi sporgendomi in

avanti. «Sto cominciando a convincermi di... di essere lui. Mark Demmert, voglio dire. Non c'è altra spiegazione, capisce? So cose che non dovrei sapere, riesco a fare cose di cui non dovrei essere capace... non sembra strano anche a lei?»

Percepii un'occhiata con cui Barbara mi metteva in guardia. Stavo andando troppo oltre. Ma ormai era già tardi.

«Be', la tua è davvero una storia bizzarra» disse White, alzandosi. Non sorrideva più. «Purtroppo non so come aiutarti. Forse dovresti rivolgerti a...»

«Scott non le sta chiedendo di aiutarlo» intervenne Barbara, alzandosi a sua volta. Mi alzai anch'io. «Vorrebbe solo saperne di più su quel caso. Gli stanno davvero succedendo cose inspiegabili.»

«Mi spiace, sono informazioni riservate, abbiamo già parlato anche troppo.» White era un muro di granito, ora. «Non posso fare nient'altro per voi.»

«La prego» continuò Barbara. «Che male può esserci, se ci racconta quello che sa di quell'uomo?»

«Sentite, non so esattamente che cosa vogliate da me, o perché siate piombati qui a interessarvi di una persona che nemmeno avete mai conosciuto» disse White, ormai irritato «ma devo chiedervi di andarvene.»

«Oh, insomma!» sbottò Barbara. «Le stiamo chiedendo solo delle fottute informazioni!»

«Ok, fuori di qui, subito.» White si spostò di lato per invitarci a uscire. «Non voglio in casa mia due maleducati ficcanaso come voi.»

«Senta, Tony...» provai a dire.

«Per te sono il signor White, ragazzino.» Mi puntò un dito in faccia.

«Signor White, per favore, mi basterebbe solo poter parlare con qualcuno che conosceva bene Mark...»

«Allora dovreste provare al suo vecchio indirizzo. O magari tornarvene a casa e smetterla di infastidire la gente.» L'uomo ci precedette nel corridoio. «Mi piacerebbe sapere cosa ne pensano i vostri genitori di questa bravata... sempre che ne siano al corrente.»

«Ok, ha ragione, signor White» dissi, facendo cenno a Barbara di lasciar perdere. «Grazie, e ci scusi per il disturbo.»

White ci accompagnò fuori. Sua moglie, intanto, era sbucata con la testa da una stanza e ci stava osservando.

«Cercate di non fare sciocchezze, ragazzi» disse ancora il signor White in piedi sulla soglia, prima di richiudere la porta dietro di noi.

«Certo, mille grazie» risposi, abbastanza furibondo. «Stronzo bastardo» mormorai subito dopo, voltandomi per incamminarmi lungo il vialetto.

«Non fare così» mi disse Barbara, accelerando il passo per starmi dietro. «Che ti aspettavi?»

«Non sono un bambino!» replicai. «Hai visto come mi ha trattato?»

«Mettiti al posto suo» disse lei. «È un uomo di una certa età, può darsi che oggi si fosse infilato il pannolone troppo stretto...»

Scoppiai a ridere nonostante tutto, e mi voltai per dare un'ultima occhiata alla casa dei White prima di risalire con Barbara sul nostro furgoncino scassato.

21

Dopo esserci fermati a mangiare un hamburger, tornammo subito a bordo del nostro VAN, piuttosto abbacchiati per quell'insuccesso.

«E adesso dove si va?» chiese Barbara. «Hollywood? Sunset Boulevard?» Tentò un abbozzo di sorriso, ma la voglia di riderci sopra era passata anche a lei.

«Bel Air» risposi d'impulso.

«Perché Bel Air?»

«Mark viveva lì.»

«E tu come lo sai?»

«Non lo so.»

«Ovvio. Chissà perché te l'ho chiesto.»

Scosse la testa.

«In fondo un piccolo aiuto White ce l'ha dato, suggerendoci di andare alla vecchia residenza di Mark» riflettei. «Forse la nostra visita non è stata del tutto inutile.»

«Se lo dici tu... Tieni presente che sono passati sedici anni da quando Mark e sua moglie sono morti. Chissà chi ci abiterà, nella loro casa, dopo tanto tempo. Cosa pensi di poter trovare?»

«Non ne ho idea» tagliai corto mentre giravo le chiavi nell'accensione. «Ma non me ne andrò da questa città senza aver scoperto la verità.»

Barbara non disse niente, era chiaro che più ci spingevamo avanti in quella ricerca senza speranza, più crescevano le sue incertezze. Non poteva avere la mia stessa motivazione. Lei non aveva avuto sogni popolati da visioni ossessive com'era successo a me. Non si sentiva come un'estranea dentro l'involucro di una mente e di un corpo non suoi. Pur con tutte le buone intenzioni, non era in grado di comprendere quello che stavo passando. Nessuno avrebbe potuto.

Arrivammo a Bel Air verso le quattro, e cominciammo a vagare lungo strade sontuose costeggiate da residenze di lusso, immerse nella quiete del pomeriggio.

«Da qui in poi il navigatore non può più aiutarci» disse Barbara con una sfumatura polemica, mettendo via lo smartphone con cui ci eravamo orientati fin lì. «Come pensi di trovare l'indirizzo giusto?»

«Lo riconoscerò» risposi candidamente, come se avessi detto la cosa più semplice del mondo.

E in effetti non mi sentivo in un luogo del tutto sconosciuto. In realtà mi sentivo... *a casa*. Ma questo a Barbara non lo dissi.

Dopo un po', la sensazione divenne ancora più forte. Era come se percorressi strade abituali, vedendo scorrere intorno a me un paesaggio familiare. Quelle case, quei giardini...

Sera.

Mark che esce di casa e sale sulla Ferrari per andare a fare un giro.

Poi un altro flash.

Mark che nuota nella sua piscina privata...

«Dovrebbe essere qui» annunciai, rallentando in vista di una grande villa da rivista di architettura, con un'area circondata da una siepe che sembrava nascondere, forse, una piscina. E poi alberi frondosi, e un sacco di ombra dappertutto. Barbara si voltò a guardarmi senza parlare. La sicurezza della mia voce doveva averla spiazzata.

«Sì, la strada era questa» confermai accostando per parcheggiare, mentre Barbara aveva l'aria sempre più sconcertata. «E la mia casa... cioè la casa di Mark, è quella laggiù.»

Rimasi a osservare il posto, in silenzio...

Mattina.
Mark e Lisa che fanno colazione nel soggiorno della loro villa.
Lui le ruba un po' di cibo dal piatto, lei sorride.
Si baciano...

Riconoscevo ogni dettaglio, ora, per averlo visto tante volte nei ricordi della mia "vita precedente".

Sì, me lo sentivo.

Ero tornato a casa.

«Che ti avevo detto?» feci, riprendendomi da quello stato di lieve ebbrezza.

«Cosa pensi di fare?» chiese Barbara. «Sempre che quella sia davvero la casa giusta...»

Non restava che andare a vedere. Aprii la portiera e scesi, seguito da Barbara. In quel momento il suo cellulare squillò.

«Mia madre» la sentii dire. «No, non adesso» aggiunse dopo averci pensato un attimo. Rifiutò la chiamata e mi venne dietro.

Io avevo proseguito verso il viale d'ingresso. Sulla buca delle lettere c'era un altro nome. Certo, non potevo aspettarmi di trovarci scritto "Mark Demmert ha abitato qui". Avevamo anche controllato su un elenco telefonico, ma almeno tra gli abbonati non risultava nessun Demmert.

Poi voltai lo sguardo di lato, verso la splendida residenza dei vicini, e mi bloccai come se mi avessero pietrificato con un raggio laser...

Pieno giorno.

In quello stesso punto davanti a casa, Mark sta parlando con il vicino. La moglie del vicino, poco più in là, sta curando le piante nel giardino.

«Howard, tu e Teri volete venire a cena da noi, stasera?»

«Be', Mark, dato che non mi viene in mente una scusa passabile per evitarlo, immagino che non potremo farne a meno» risponde l'altro.

Mark sorride.

«Non farci caso» interviene Teri.

«Come sempre» scherza Mark.

Nello stesso momento, Lisa esce di casa e si dirige alla sua auto parcheggiata sulla strada. I suoi meravigliosi capelli biondi ondeggiano accompagnando il movimento del corpo. Mentre scambia due parole con la coppia di vicini, un paffuto gatto rosso balza fuori da un bidone della spazzatura.

«Ciao, Garfield!» lo saluta Lisa...

Guardando fisso verso la casa dei vicini, feci qualche passo per avvicinarmi alla recinzione che separava i due giardini. Ero stordito, eppure mi sentivo più lucido di quanto non fossi mai stato. Tutto stava diventando così chiaro, un po' alla volta. Barbara si era fermata pochi passi dietro di me, come se non osasse avanzare per non spezzare un incantesimo. Mi fermai accanto alla recinzione e guardai dall'altra parte. China sulle piante nel giardino dei vicini, una donna stava sistemando le già perfette aiuole fiorite. La guardai meglio e non ebbi il minimo dubbio. Una Teri più anziana era ora nell'identica posizione in cui si era trovata tanti anni prima, quel giorno in cui Lisa era uscita per salire in macchina e, forse, non fare ritorno mai più.

«Teri?» mormorai. Dalle labbra mi era uscito appena un filo di voce, e infatti lei non aveva sentito.

Diedi un colpetto di tosse e ripetei il suo nome, a voce un po' più alta. La donna si bloccò e alzò la testa per guardare verso di me.

«Prego?» fece. Aveva l'aria di essere lontana mille miglia, persa nei suoi pensieri.

«Lei è Teri?» chiesi, realizzando solo in quel momento che non avrebbe potuto riconoscermi.

«Sì, sono io. E tu chi sei?»

Si raddrizzò, corrugando le sopracciglia. Era alta e asciutta, con i capelli castani tagliati corti e occhiali dalla montatura scura. Aveva un'espressione severa che mi ricordò quella di un'insegnante della mia scuola. Esitai per qualche istante di troppo, mentre lei mi fissava in attesa di una risposta, con un vaso pieno di terriccio nelle mani.

«Ehm, sono... sono un amico di Mark» risposi finalmente.

«Di Mark?!» ripeté lei, stupita. La sorpresa aveva fatto breccia in quella sua maschera impassibile.

«So che viveva qui, nella casa accanto, e...»

La voce mi si spense in gola, sotto il suo sguardo inquisitorio.

«Mi sembri un po' troppo giovane per aver potuto conoscere Mark» disse Teri posando il vaso ai suoi piedi. Fece un passo verso di me, come per guardarmi più da vicino.

«Howard è in casa?» chiesi.

Di colpo si fermò e si irrigidì, squadrandomi con durezza.

«Sì, Howard è in casa» rispose gelida. «E tu come accidenti fai a sapere i nostri nomi?»

Cercai qualcosa di convincente da dire, ma mi accorsi di aver incasinato tutto come al solito. Mai una volta che mi riuscisse di partire con il piede giusto, evitando di scioccare i miei interlocutori.

Teri diede un'occhiata verso Barbara, che aspettava un po' più indietro sul vialetto, poi tornò a guardare me.

«Se non ve ne andate, sarò costretta a chiamare la polizia» disse.

«Non avevamo intenzione di spaventarla, Teri» dissi. «Dovrei solo parlare qualche minuto con Howard... cioè con suo marito, e poi ce ne andremo.»

«Ok, chiamo la polizia» ribadì lei, inflessibile, avviandosi per rientrare in casa.

«Aspetti!» intervenne Barbara, facendosi avanti.

Teri si fermò e si voltò bruscamente. «Immagino che anche tu conoscessi Mark altrettanto bene, o sbaglio?»

«No, non lo conoscevo, e neanche Scott lo conosceva» rispose Barbara, tentando di conquistare la sua fiducia con un approccio franco e diretto. «Anzi, non so nemmeno perché siamo qui, ma ormai ci siamo, e lui ha veramente bisogno di parlare con qualcuno. Forse lei e suo marito potreste aiutarlo.»

«Oh, davvero? Aiutarlo a fare cosa, di grazia?» Teri aveva incrociato le braccia in un atteggiamento difensivo, però almeno era rimasta lì ad ascoltarci.

In quel momento un uomo uscì dalla casa e si avvicinò con aria guardinga. Era Howard. Anche lui segnato dagli anni trascorsi, ma senza dubbio la stessa persona che, per una ragione ancora incomprensibile, conoscevo già. Alto almeno uno e novanta, stempiato ma con i capelli portati lunghi con quella pettinatura un po' da artista, occhiali con montatura dorata e abiti griffatissimi addosso. Non avrei avuto la minima possibilità di sbagliarmi.

«Questi ragazzi volevano vederti» gli disse la moglie senza toglierci gli occhi di dosso.

«Che posso fare per voi?» chiese.

Continuai a guardarlo come se lo rivedessi in quel momento dopo tanti anni.

«Howard Evans...» mormorai.

«Ehi, come sai il mio nome?» fece l'uomo con un lampo di allarme nello sguardo.

«Non lo so.»

«Cosa siete venuti a fare, qui?»

«Non lo so!» sbottai, trovandomi a subire ancora una volta quei toni da interrogatorio, quell'atteggiamento di sospetto. «Non so come faccio a conoscere i vostri nomi, o perché ho trascinato Barbara fin qui... Io non so niente di niente. Sono venuto perché devo sapere tutto di Mark...» Accennai con la testa alla villa dietro le mie spalle. «Mark Demmert, lei lo conosceva, no? E Lisa... vi conoscevate, sì o no?»

Howard mi scrutava incerto.

«Sì, ci conoscevamo» si decise a rispondere. «Ma cosa diavolo hai a che fare tu con Mark? Sono passati...»

«... tanti anni, lo so. Sedici, per la precisione» lo anticipai. «Ma io devo scoprire perché continuo a sognarlo. Devo scoprire perché so i vostri nomi anche se è la prima volta che ci incontriamo. O perché so che avevate un gatto, Garfield, che ficcava sempre il naso nei rifiuti...»

Feci una pausa e li osservai. Avevo fatto centro: il particolare del gatto li aveva colti alla sprovvista.

«Capite, ora?» dissi. «Devo scoprire perché stando qui davanti a voi, in questo posto, ho l'impressione di ricordare pezzi di una vita che non ho mai vissuto.»

La mia tirata fu accolta da un lungo silenzio. I due coniugi si guardarono esterrefatti. Intanto Barbara mi aveva raggiunto accanto alla recinzione.

«Che razza di scherzo è questo?» disse poi Howard in tono aggressivo. «Siete una specie di scrittori, o qualcosa del genere? Volete scrivere un cazzo di libro speculando sulle tragedie altrui? La conosco bene, la gente come voi! Allora, è questo che cercate di fare?»

«Io non sono uno scrittore...» provai a replicare, sorpreso da una reazione così violenta.

«Andatevene via, lasciateci in pace» fece Howard, cingendo le spalle della moglie con un braccio.

«Non ho nessuna intenzione di fare quello che sta pensando, o di ingannarla in qualche modo» insistetti. «Mi occorre il suo aiuto, soltanto questo.»

«Andate via, dico sul serio!» esclamò Howard, infuriato, e fece per avviarsi verso casa con Teri al fianco.

«Per favore, signor Evans» si intromise Barbara, con una tecnica ormai sperimentata, anche se senza troppo successo. «Nemmeno io so perché siamo qui, ma Scott non vi sta mentendo. È soltanto confuso, e ha bisogno di qualcuno che lo aiuti a capire come stanno le cose.»

Teri non si girò e proseguì fino a fermarsi sulla soglia. Suo marito rimase indietro, giusto il tempo di ripeterci che era meglio se ce ne andavamo subito, poi scosse la testa e si mosse per raggiungere la moglie. A quel punto giocai il tutto per tutto. Chiusi gli occhi e lasciai che le parole mi uscissero dalle labbra.

«Ti ricordi quel weekend al lago, quando mi dicesti del tuo cancro?» chiesi ad alta voce, rivolto a Howard, con un timbro che quasi sembrava non appartenermi. L'uomo si bloccò di colpo. Teri mi guardò con gli occhi sbarrati, come fulminata.

«E quella volta che ti lasciai provare la mia Ferrari e tu mi sfondasti il paraurti posteriore?» continuai, parlando come in trance. «Oppure quando ti rubarono l'orologio mentre eravamo a giocare a golf... te lo ricordi, questo, Howard?»

Tornò indietro di qualche passo e venne a piantarsi a pochi metri di fronte a me, di là dalla recinzione.

«Chi sei?» chiese con aria un po' minacciosa e un po' atterrita, quasi avesse assistito a un'apparizione soprannaturale. «Come fai a sapere queste cose?»

«Non lo so, signor Evans, glielo ripeto» risposi in tono quasi implorante. La voce mi pareva di nuovo la mia di sempre. «Speravo che potesse aiutarmi a scoprirlo.»

Howard continuò a fissarmi, senza più sapere cosa dire.

22

Nel soggiorno di casa Evans, ce ne stavamo seduti tutti e quattro in un silenzio impacciato. Quell'ambiente era agli antipodi del salotto piccolo borghese dei White. Qui ogni oggetto dell'arredamento, elegante ed essenziale, faceva a gara per non farsi notare, ma era come se ci fossero sopra cartellini con prezzi a sei cifre. Ogni mobile, ogni quadro, i libri di arte e fotografia segnalavano l'appartenenza a un'élite di ricconi intellettuali. Non avevo idea di cosa passasse per la mente di Barbara, mi sembrava più a suo agio lì dentro che a casa dell'ex poliziotto. Dopotutto, la sua era una famiglia benestante, e magari tutta la ribellione che lei manifestava nei modi, nel linguaggio, nel look, era un fatto esteriore. Se nasci in mezzo ai soldi è difficile che ti facciano davvero schifo. Quanto a me... be', la mia situazione familiare parlava da sola, e lì dentro ero un pesce fuor d'acqua.

«Dobbiamo essere pazzi a lasciarvi entrare» disse Howard dopo averci versato da bere della Coca-Cola. «Potreste essere chiunque.»

«Lo dice a me?» fece Barbara. «Come pensa che mi senta, dopo aver attraversato mezzo Paese con lui?»

Mi indicò con un cenno e Teri si lasciò sfuggire un sorriso, senza smettere di studiarmi dietro le lenti degli occhiali. Un po' imbarazzato, bevvi un altro sorso e posai il mio bicchiere sul tavolino di metallo in mezzo ai divani color panna che si fronteggiavano nel salotto. Uno schermo TV era incastonato in una parete come un quadro.

«Allora, Scott, a quanto pare dovremmo credere che sei una specie di reincarnazione di Mark» disse Howard, unendo le mani nello stesso gesto che mi ricordò lo psicologo della scuola.

«Be', non ho detto questo» replicai. «Ma c'è il fatto che so cose che non dovrei sapere. Ho visto Mark nei miei sogni, l'ho visto fare tutte le cose normalissime che fa la gente. L'ho visto da solo o anche con Lisa, e ho rivissuto anche... anche le sue ultime ore. Adesso voglio scoprire che cosa sta succedendo, e perché sta succedendo proprio a me.»

«Senti, Scott, tu hai sicuramente ragione, sai cose che non dovresti sapere e tutto il resto... Ci hai costretti a credere che qualcosa di strano ci sia davvero, ce l'hai dimostrato citando quegli episodi così privati di tanto tempo fa. Però Mark è morto, e io non posso aiutarti a capire chi sei. Rivolgiti a uno specialista, a qualcuno che sia in grado di...»

«Peccato, speravo che tu fossi la persona giusta» dissi deluso, senza lasciarlo terminare.

«Per favore, Scott, cerca di capire la nostra posizione» intervenne Teri. Il suo tono adesso era cortese, ma distaccato. «Forse esiste un tuo legame con Mark di cui non sei al corrente. Forse sei un suo parente senza saperlo.»

«Può darsi» dissi senza troppa convinzione. «Magari sono suo figlio, e mia madre aspetta che io abbia trent'anni per rivelarmi di avermi adottato. Oppure sono davvero lo spirito reincarnato di Mark Demmert, e lui sta cercando di contattarmi dall'altro mondo...»

Mi fermai, il sarcasmo non era l'arma migliore per guadagnarmi il loro appoggio.

«O forse sono pazzo e mi serve davvero un bravo specialista» continuai. «Ma in fondo non è questo che m'importa. L'unica cosa che mi interessa è capire come mai so quello che so. Non pretendo di sentirmelo dire da voi, né che mi crediate fino in fondo. Mi basta poter parlare con voi, scoprire altre cose su Mark...»

«Per esempio?» fece Howard in tono rassegnato. «Spiegati, cosa vorresti che ti raccontassimo?»

«Non lo so...»

«Ti renderai conto che è un po' difficile per noi vederti piombare nelle nostre vite a interrogarci su un vecchio amico che non c'è più» rincarò la dose sua moglie. «Ti stiamo ascoltando, come vedi, ma devi aprirti con noi e spiegarci...»

«Ho detto che non lo so!» sbottai all'improvviso, esasperato. La mia mano destra scattò in un gesto di stizza, e con il dorso urtai l'angolo appuntito del tavolino.

«Cazzo!» sibilai, vedendo qualche goccia di sangue uscire dalla ferita a un dito che mi ero appena procurato. «Scusatemi, non volevo alzare la voce...»

«Ti sei fatto male?» chiese Howard.

«Lasciami dare un'occhiata» disse Teri con aria sinceramente preoccupata.

Allungai la mano e lei la prese fra le sue, ma mentre esaminava il taglio, il dito smise di sanguinare e la ferita cominciò a rimarginarsi. Qualche secondo dopo, non era rimasta traccia dell'incidente. Teri si ritrasse come se avesse sfiorato la pelle di un serpente.

«Ehi, che diavolo...?» fece Howard mentre io mi osservavo la mano, incuriosito ma non troppo sorpreso.

«Questo è abbastanza strano per convincervi?» disse Barbara con un sorriso ironico. Lei era stata l'unica a non scomporsi di fronte alla guarigione miracolosa.

«Come ci sei riuscito?» mi chiese Teri, come si fa con il mago a cui si chiede di svelare i suoi trucchi.

«Non lo so» mi limitai a rispondere.

«Perché non gli fai vedere quel che sai fare con i computer?» disse Barbara approfittando di quel loro momento di confusione. «Oppure mostragli come si fa ad attirare gli oggetti con il pensiero.»

Marito e moglie mi guardarono, in attesa di qualche nuovo fenomeno straordinario. Io fulminai Barbara con un'occhiata. Non avrei dovuto raccontarle l'episodio del "cellulare magico": lei credeva davvero in me ed era convinta che potessi ricorrere a quelle mie nuove facoltà, se volevo, ma purtroppo non era così.

«Non credo di poter controllare questi miei... poteri» mi schermii imbarazzato. Sarebbe stato stupido e controproducente giocare al supereroe. Ormai avevo ben chiaro che quelle manifestazioni erano collegate a una forma di esistenza *diversa* con cui ero entrato in contatto. «A volte succedono delle cose, altre no. La mia volontà non c'entra.»

«Almeno provaci» insistette lei. «Se sono venuta fin qui con te è solo perché credevo potessimo sbancare Las Vegas! Non puoi farmi questo!»

Ridemmo tutti, liberando un po' della tensione che si era accumulata fra noi.

«Pensate ancora che Scott sia soltanto un po' pazzo?» chiese poi Barbara, seria.

«Oh, sì» rispose Howard, scambiando un'occhiata con la moglie. «Il problema è che a questo punto penso di essere pazzo anch'io, perché sto cominciando a credergli.»

«Sarebbe grandioso se lei gli dicesse qualcosa che possa aiutarlo... qualsiasi cosa» disse Barbara. «Confesso che non mi dispiacerebbe avere un attimo di respiro.»

Howard rise ancora. «Be', una cosa posso dirtela» fece rivolto a me, accennando a Barbara. «Al posto tuo, questa ragazza non me la lascerei scappare.»

Lei sorrise e mi guardò con un'espressione che sembrava voler dire: "Ha ragione lui, ritardato. Avanti, di' qualcosa!".

Invece non dissi niente. Non mi rendevo ancora conto che l'ossessione che mi scavava dentro mi stava privando di qualsiasi occasione per essere... felice? Eppure avrei dovuto capire che, se continuavo così, avrei perso per sempre anche quel che di bello e grande la vita aveva riservato per me. Barbara, per esempio.

Howard riempì il mio silenzio attraversando la stanza per prendere da un cassetto un paio di grossi album.

«Perché non dai un'occhiata a queste foto?» disse, posandoli sul tavolino. «Potresti trovarci qualcosa di utile.»

«Grazie amico» dissi allungando le mani un po' troppo in fretta.

Per un attimo trattenne gli album davanti a sé, la parola "amico", fuori luogo, aleggiava sospesa nell'aria in tutta la sua goffaggine.

«Volevo dire Howard» mi corressi.

Lui annuì con un sorriso per sdrammatizzare. «Spero che ci sia quello che stai cercando» aggiunse porgendomi gli album.

«Grazie infinite» disse Barbara alzandosi.

«Lasciateci un numero di telefono e ci terremo in contatto» disse Howard. Tutta quella improvvisa disponibilità significava che mi credevano, oppure che non vedevano l'ora di liberarsi di noi? Intanto mi accorsi che Teri non rinunciava a lanciare continue occhiate alla mia mano destra. Non poteva credere a ciò che aveva appena visto.

Barbara appuntò i nostri numeri su un pezzetto di carta, e dopo i saluti uscimmo e ci avviammo lungo il vialetto d'ingresso.

«Un momento, ragazzi» disse la voce di Howard, alle nostre spalle «che cosa c'era sotto le assi del pavimento, nella casa al lago Tahoe?»

«Mah, io non...» cominciai, già sicuro di non sapere che cosa dire per superare quel test a sorpresa. Poi, ecco l'immagine nettissima di un ricordo indelebile che riaffiorava nella memoria, nitido come se accadesse in quel preciso momento.

«La mia collezione di orologi» risposi, ed era Mark a parlare tramite me. «Li tenevo nascosti là sotto, non è vero?»

Howard sembrò parecchio turbato, poi annuì con aria pensierosa.

«Abbiate cura di voi» aggiunse soltanto, prima di rientrare in casa.

23

Disteso sul letto di una stanza anonima, a fissare il soffitto dove la luce di un'insegna al neon giocava a disegnare ombre...

Era con quella mia stessa disperazione, forse, che in una sera di tanti anni prima Mark si era tirato su a sedere e aveva estratto la pistola per provare a farla finita, senza riuscirci. Quella sera, in un motel supereconomico di Inglewood, cominciai a provare ciò che Mark doveva aver provato, non più solo a *vederlo* nella mia mente.

Era perché mi stavo sempre più immedesimando in lui?

O perché io *ero* lui?

Sarei arrivato anch'io, prima o poi, ad appoggiarmi sotto il mento la canna di una pistola? Riuscendo magari a premere il grilletto, a differenza di Mark? In quel momento Barbara uscì dal bagno mentre finiva di asciugarsi dopo la doccia, e accese la luce nella stanza.

«Ehi, cosa fai lì al buio, ritardato?» mi chiese. «Non li guardi più quegli album?»

«Ho finito» risposi, sollevandomi su un gomito.

Per quasi un'ora me n'ero stato sul letto a sfogliare gli album che Howard mi aveva dato. Mi ero sentito invadere da un senso di meraviglia e di nostalgia. Le foto erano divise per annate, e vederle passare in sequenza era stato come rivivere un'esistenza che sarebbe dovuta appartenere a un altro e invece mi sembrava così intimamente *mia*. Un'esperienza commovente e bellissima.

Almeno quanto era stato straziante poi vedere Mark a un certo punto scomparire da quella galleria di immagini. Da un certo anno in avanti era come se nelle foto di Howard e Teri ci fosse uno spazio bianco, un vuoto incolmabile.

«E com'è andata?» mi chiese lei, gettando uno sguardo sull'album rimasto aperto sul letto e continuando a strofinarsi i capelli con l'asciugamano.

«Non so, vedere queste foto mi fa un effetto strano, è come se mi ricordassi tutti questi eventi mentre stavano accadendo... come se li avessi vissuti in prima persona...»

Barbara si sedette sulla sponda del letto e l'occhio le cadde su un ritaglio di giornale che riportava del funerale di Lisa. Non mi ero accorto di aver lasciato l'album aperto su quella pagina. Mi aveva colpito terribilmente, una vera e propria pugnalata al cuore.

La pioggia sottile che cade sui viottoli del cimitero, tra le file di lapidi.

Il feretro di Lisa che viene interrato, sotto gli occhi di un gruppo di persone addolorate...

Scossi la testa.

«Ho idea che questa faccenda stia diventando troppo dura per me.»

«Sicuro che sia tutto qui?»

Annuii, senza illudermi di essere creduto.

«Ok, allora sarà meglio dormirci sopra, ritardato. Ne abbiamo davvero bisogno.»

Si sporse verso di me e mi stampò un bacio sulle labbra, poi si alzò per tornare nel bagno.

«Finisco di asciugarmi i capelli e arrivo» disse con un sorriso ammiccante, prima di infilarsi in bagno.

«Quando c'è stato il party?» le chiesi d'impulso. Da un po' c'era qualcosa che mi frullava in mente, ma che non riuscivo a isolare nel vortice confuso dei miei pensieri.

«Intendi a casa mia?» fece lei.

«Sì. Era giovedì o venerdì?»

«Giovedì, perché?»

«E oggi è domenica, giusto?»

«Sì, ma...»

«Non farci caso» dissi.

«Scoppiato!» mi gridò Barbara allegramente, poi accese il phon.

Allungai un braccio per spegnere la luce in quella stanza anonima, simile a un'altra dove una sera di sedici anni prima, fra le ombre danzanti di un'insegna al neon, qualcuno aveva tentato di mettere fine alla sua disperazione. Quel qualcuno ero io. Ormai lo sapevo con certezza assoluta. Sì, io sono Mark Demmert, pensai mentre mi abbandonavo al torpore del dormiveglia.

Mark è nel tunnel di vetro.

«Ciao, Mark» dice la voce.

Lui cerca di aprire gli occhi, ma ha la vista ancora offuscata e non riesce a vedere chi è che parla. La sua Guida.

«Che diavolo succede?» chiede, smarrito e spaventato.

«Quello è probabilmente il termine meno appropriato da usare in questo posto.»

Mark esita un momento, sa di voler fare una domanda e tuttavia dentro di sé ha paura di sentire la risposta.

«Che cosa significano i numeri?» dice alla fine.

«Sono contatori» risponde la Guida. «Solo i guardiani possono vederli.»

«Chi sono i guardiani?»

Non c'è risposta, o forse si è persa negli interstizi tra i mondi, perché ora tutt'intorno a lui non c'è più il tunnel di vetro, non ci sono tutte quelle persone in marcia verso la luce intensissima laggiù in fondo.

No, ora la scena è l'interno di una casa. Una grande sala affollata di gente. Una festa in pieno svolgimento. Nessun suono è udibile e la visione è distorta, come se tutto si svolgesse dentro un acquario.

E c'è una ragazza su cui si focalizza l'attenzione di chi guarda.

Sulla testa della ragazza brillano dei numeri.

Il timer.

Quel conto alla rovescia che avanza implacabile, inesorabile, verso lo zero. Verso la fine, il nulla.

Poi risuona uno squillo. Sembra quello di un telefono, ma non è possibile. Lì non ci sono suoni, non possono esserci...

Balzai a sedere sul letto inghiottendo aria affannosamente. Mi ci volle qualche istante per orientarmi. La stanza del motel. Barbara che dormiva accanto a me. Fuori era già mattina.

Sul comodino il mio cellulare stava squillando. Controllai il display e andai a chiudermi in bagno per non svegliare Barbara.

«Scott? Sono Howard. Tutto bene?»

«Sì, stavo ancora dormendo» risposi. «Che succede?»

«Hai guardato gli album? C'è stato qualche sviluppo?»

«Li ho guardati, ma a parte qualche ricordo in più non è scattato niente di particolare.»

«Mi spiace» disse Howard. «Senti, ho passato la notte a riflettere su quello che ci hai raccontato e... be', conosco delle persone.» Fece una pausa. «Che ne diresti di partecipare a un talk show televisivo?»

«Un... cosa? Mi prendi in giro?»

«Non sto scherzando, Scott, non ho chiuso occhio per questa storia. Stamattina ho parlato con un amico, è uno degli autori di "Cindy". Hai mai visto quello show?»

«Sì, qualche volta. Però non capisco...»

«Devi sapere che di tanto in tanto danno spazio a storie come la tua, storie stravaganti, ecco. Potrebbero invitare in studio un esperto, magari qualcuno che si occupa di regressione a vite precedenti, cose del genere. E magari lanciare un appello per avere informazioni, metterti in contatto con persone che conoscevano Mark... Così, per vedere se salta fuori qualcosa. Che ne pensi?»

«Non vorranno avere niente a che fare con me» replicai sfiduciato.

«Vogliono eccome» disse Howard. «Il mio amico ha già accennato l'idea e... insomma, sarebbero entusiasti di averti nel programma.»

«Ehi, per caso stai cercando di fare soldi con me?» gli chiesi in tono provocatorio.

Howard rimase in silenzio.

«Ok, come non detto» rispose soltanto, poi chiuse la comunicazione.

«Howard, aspetta...»

Tentai di richiamarlo, nessuna risposta.

Tornai nella stanza e svegliai Barbara, baciandola sulla fronte e carezzandole i capelli. Lei aprì appena un occhio e mi chiese insonnolita cosa stesse succedendo.

«Prendi la tua roba» le risposi. «Dobbiamo andare.»

Inchiodai con il furgoncino davanti al vialetto degli Evans proprio mentre Howard e Teri stavano entrando nel garage, in mano un paio di valigie. Sembravano in partenza. Che stessero andando via per evitare un ulteriore incontro con noi?

Scesi e mi misi a correre per raggiungerli, con Barbara dietro.

«Che cosa vuoi ancora?» mi chiese lui, venendomi incontro nel giardino. Teri rimase sulla soglia del garage.

«Ti sei fatto un'idea sbagliata» dissi trafelato.

«A che proposito? Cercavo di darti una mano, e mi accusi di voler speculare su di te?»

«Mi dispiace... Il guaio è che sono un po' confuso, sono così disperato che ormai diffido di tutti, anche delle persone amiche. Mi dispiace davvero, Howard, devi credermi.»

«Dice sul serio» mi diede manforte Barbara.

«Ok, ok» disse Howard voltandosi a chiamare Teri, che si unì a noi visibilmente controvoglia.

«Ho pensato di partecipare allo show» dissi in tono deciso.

«Splendido» fece lui.

«Ma non so se possiamo permettercelo» aggiunsi. «Siamo senza un soldo, non abbiamo un posto dove stare...»

«E mia madre è convinta che io sia a una gita scolastica che finirà domani» completò Barbara.

«Be', potreste stare qui» disse lui.

«Howard...» intervenne Teri, ombrosa.

«Su, tesoro, sarà solo per un paio di giorni. Allo studio mi hanno detto che potrebbero avere uno spazio per questa storia già nella puntata di domani sera.»

«Ne possiamo parlare?» fece sua moglie senza smettere di fissarlo.

«Si tratta solo di ospitarli una notte o due» insistette lui.

«Come vuoi» disse Teri, ma sembrava tutt'altro che convinta. «È solo che mi piacerebbe conoscere un po' meglio chi accogliamo in casa nostra.» Poi, rivolta a noi: «Senza offesa».

«Grazie, veramente» dissi a Howard.

«Se sentirete un urlo nella notte, sono io che vengo castrato» scherzò lui. «Avanti, venite dentro.»

Sorridendo, Howard ci accompagnò in casa e ci mostrò una cameretta per gli ospiti in una dépendance silenziosissima sul retro della villa. La finestra dava su una piscina con accanto un gazebo.

«Chiamo subito il mio amico ai Palisade Studios di Santa Monica, bisogna assolutamente organizzare la cosa» aggiunse prima di lasciarci. «Oggi riposatevi, domani sarà una lunga giornata.»

24

Nello studio televisivo una luce rossa segnalò l'inizio della diretta. Al pubblico fu ordinato di applaudire. Il direttore di scena aveva appena finito di scandire il conto alla rovescia. Io me ne stavo con Barbara in attesa dietro le quinte, Howard e Teri stavano poco distanti da noi. Avevamo trascorso tutto il giorno tra riunioni e sala trucco, assistendo alle varie fasi di preparazione dello show. Io mi sentivo estraneo, lontano, quasi fuori dal mio corpo, come se tutto ciò stesse accadendo a qualcun altro, e a una velocità frenetica.

Avevo avuto anche un colloquio con Cindy, la sovreccitata conduttrice del programma, che con mille sorrisi aveva fatto del suo meglio per apparire interessata alla mia storia. E tra poco sarebbe toccato a me. Scambiai uno sguardo rapido con Barbara e mi sentii subito meglio, sapevo che lei mi avrebbe sostenuto in quel momento difficile.

Cindy era seduta in una comoda poltrona accanto al divano per gli ospiti. Sorrise con aria fintamente pudica davanti a un enorme fondale su cui campeggiava il suo nome in grandi lettere dorate. Era sempre sopra le righe in tutto, dall'abbigliamento sgargiante alle espressioni con cui sottolineava come ogni cosa fosse straordinaria e "sconvolgente".

«Grazie a tutti, e buonasera» esordì rivolta alla telecamera. Io e Barbara seguivamo la trasmissione su un monitor di servizio. «Abbiamo preparato una puntata fantastica per voi, stasera. Non una, ma addirittura due star di Hollywood mi raggiungeranno su questo divano!»

Un oooh dal pubblico, opportunamente istruito e pilotato. Mi sentivo già la nausea per aver accettato di partecipare a quel circo. Ma era un'occasione unica per lanciare il mio messaggio. Forse l'ultima occasione.

«Proprio così» continuò Cindy. «Più tardi Tom Cruise ci parlerà del suo nuovo film, ma prima faremo due chiacchiere con Eddie Murphy sulla sua ultima commedia. Perciò restate incollati allo schermo.»

Da dietro le quinte osservavo il direttore di scena, impegnato a sollecitare le reazioni del pubblico. Era tutto falso, tutto costruito. Speravo almeno che il mio intervento potesse portare un soffio di verità in quell'ambiente artificiale. Speravo di riuscire a scuotere le coscienze degli spettatori.

Un'assistente munita di *headset* si avvicinò toccandomi un braccio per avvertirmi che tra poco sarebbe toccato a me. La seguii fino al limite della scena, ma non resistetti e mi voltai indietro.

Barbara, accanto a Howard e Teri, mi sorrise con il pollice alzato per farmi coraggio. Le sorrisi anch'io, ma sentivo le gambe che non mi reggevano, il fiato corto. Rischiavo di entrare in paranoia ancor prima di cominciare.

«E per finire, Gwen Stefani e i No Doubt ci presenteranno il loro nuovo singolo» stava dicendo Cindy. Altri applausi. Poi si girò di tre quarti, buttando un'occhiata nella mia direzione. «Ma adesso abbiamo qualcosa di leggermente diverso per voi, stasera. Parleremo con Scott Mason, un ragazzo che è venuto a trovarci fin qui dalla sua città sul confine canadese. Pensate, Scott sostiene di ricordare particolari molto personali della vita di un uomo deceduto da tempo, senza averlo mai conosciuto. Fenomeni paranormali, reincarnazione... oppure un banale inganno? Stasera lo scopriremo. Diamo il benvenuto a Scott Mason.»

Il pubblico applaudì e lanciò esclamazioni d'incoraggiamento mentre io, agitatissimo, facevo il mio ingresso sul set e prendevo posto sul divano. In quell'esatto momento mi chiesi perché diavolo avessi mai accettato una simile tortura. Ma era troppo tardi per pentirsi, o per tirarsi indietro. Mi resi conto all'improvviso, con una chiarezza disarmante, che sarebbe finita male. Era un banale presentimento, di quelli su cui non ci si sbaglia.

«Ciao, Scott» mi accolse Cindy. «Benvenuto nel nostro show.»

«Grazie, Cindy» dissi, con un filo di voce.

«Tranquillo, non c'è niente di cui preoccuparsi» mi rassicurò con un gran sorriso. «Allora, raccontaci un po' che cosa ti è successo. I nostri amici qui in studio e tutti quelli che ci seguono da casa sono molto curiosi di sentire la tua storia davvero sconvolgente.»

«Be', ecco...» provai a rispondere, senza sapere bene da dove iniziare «non mi stupirei se la gente non mi credesse. Sono abbastanza scettico io stesso, su come interpretare quello che mi è successo.»

«Vuoi raccontarcelo, intanto?» intervenne subito lei per riportarmi sui binari. «Ognuno, poi, si farà la sua idea.»

«Ok.»

Presi un gran respiro e decisi di buttarmi, cercando di non pensare che mia madre poteva benissimo essere in quel momento davanti alla TV. Un po' mi dispiaceva per lei, per come ero venuto via di casa, per tutto quanto.

«Il fatto è» dissi «che da parecchio tempo continuo a fare dei sogni molto strani e... ehm, ho come delle visioni. Di recente ho fatto qualche ricerca e ho scoperto che queste visioni si riferiscono ad avvenimenti reali accaduti a un certo Mark. Lui abitava qui a Los Angeles...»

«È morto, giusto?» fece Cindy.

Annuii.

«Quindi hai seguito le sue tracce fin qui in città» continuò Cindy.

«Esatto. E ho incontrato Howard.»

«Chi è Howard, Scott?»

«Il vicino di casa di Mark. Loro si conoscevano bene,

all'epoca. E lui ha verificato tutto quello che io sapevo già. Ogni minimo dettaglio.»

«Senti, com'è morto questo Mark?»

«In un incidente d'auto. È successo molti anni fa, sedici per la precisione. Esattamente come la mia età. Lui stava... stava fuggendo dalla polizia ed è uscito di strada. Ma non era ubriaco o drogato, è solo che...»

«Perciò, se ho capito bene» mi interruppe Cindy, glissando sulle mie ultime parole «quello che vorresti scoprire è come fai a sapere tutte quelle cose di un uomo morto anni fa. Cose che, lo ripeto per i nostri ascoltatori, sono state tutte confermate da una persona, Howard, che lo conosceva bene.»

«Infatti» dissi deciso. «Dopodiché spero di poter continuare la mia vita, libero da tutto questo. Lo spero per me, per mia madre, e per le persone a cui voglio bene.»

Lanciai un'occhiata da un lato, verso Barbara. Incontrare i suoi occhi era come ricaricare le batterie, come aggrapparsi all'unico scoglio che mi rimanesse in quell'oceano in tempesta. Cominciavo a sentirmi più a mio agio. Anche grazie a Cindy, che aveva capito di dovermi tenere per mano e accompagnarmi passo passo in quell'esperienza per me così nuova e destabilizzante.

«Be', è davvero una storia molto curiosa, non trovate?» disse lei a quel punto, rivolgendosi al pubblico. «Così interessante, secondo noi, che oggi pomeriggio, dopo aver parlato un po' con Scott, abbiamo contattato uno dei maggiori esperti di quel fenomeno noto come "regressione a vite passate".»

Tornò a guardare me.

«È qui con noi, stasera, Scott» mi disse sfoggiando di nuovo il suo sorriso smagliante «e forse potrà aiutarti a capire il significato di quello che ti è successo.» Poi al pubblico: «Diamo un caloroso benvenuto a Elisha LaVerne».

Una donna bionda sui quaranta, di bell'aspetto, venne a sedersi di fianco a me sul divano.

«Grazie di aver accettato il nostro invito, Elisha» disse Cindy.

«È un piacere, sono io che vi ringrazio» disse la nuova ospite.

«Allora, che idea ti sei fatta della storia di Scott? Avevi già sentito qualcosa del genere, nella tua passata esperienza?»

«Be', sai, a dire la verità non è una storia così insolita» rispose Elisha.

Cindy sollevò un sopracciglio. «Quindi sono cose che capitano di frequente?»

«No, di frequente non direi ma, certo, più spesso di quanto si possa pensare. Un aspetto abbastanza singolare in questo caso, comunque, è la conoscenza profonda che Scott sembra avere di quel... Mark, giusto? Siccome è stata verificata da una terza persona, ci troveremmo di fronte a un livello di coerenza maggiore rispetto a gran parte dei casi che ho studiato.»

Elisha accompagnava il suo discorso con un sacco di gesti, e non so perché questo mi diede l'impressione che non fosse convinta di quel che diceva, o che cercasse di rafforzarlo in quel modo.

Io me ne stavo lì, seduto tra quelle due donne come una cavia in balia dei suoi vivisezionatori, e intanto sentivo riemergere il mio disagio. Era come una sensazione di minaccia incombente, di cui però non avrei saputo individuare l'origine. La cosa certa era che avevo fatto male a ficcarmi in quella situazione.

«In generale qual è il risultato delle regressioni che operi?» chiese Cindy. «Di solito scopri che i tuoi pazienti erano davvero stati in precedenza le persone che vedevano in sogno?»

«Be', anche se questa, come è evidente, non è una scienza esatta» rispose Elisha, sempre con l'aria di volersi giustificare «ci sono molti indizi che permettono di giungere a quella conclusione.»

«A questo punto ci stiamo tutti chiedendo se potresti operare una di queste regressioni per noi, oggi, in diretta.»

Sorriso extralarge di Cindy a beneficio di telecamera.

«Non funziona sempre con tutti i soggetti, ma farò del mio meglio» si schermì l'esperta.

«Stupendo.»

Cindy si rivolse al pubblico: «Per questo esperimento vi prego di osservare un silenzio assoluto. Ora abbasseremo le luci nello studio...». Le luci si smorzarono. «Perfetto, grazie. E mi raccomando, restate davvero in silenzio, per favore, è molto importante creare la necessaria atmosfera. Scott, sei pronto?»

«Credo di sì» risposi, benché mi sentissi tutt'altro che pronto. Quella specie di test era stato concordato, eppure, adesso che era venuto il momento, avevo il cuore a mille, avrei voluto alzarmi e scappare. Invece rimasi lì, tra le grinfie delle mie aguzzine. Se davvero poteva servire a fare luce sulla mia storia, valeva la pena anche sottoporsi a quella prova.

Un ultimo sguardo a Barbara, per farmi forza. Trovai il suo sorriso un po' più incerto, stavolta. In fondo, quel pomeriggio, si era opposta con forza all'idea dell'esperimento in diretta. Secondo lei era solo una stronzata, ma poi Howard l'aveva convinta che era una buona idea e che non sarebbe potuto succedere nulla di male. Evidentemente, a giudicare dalla sua espressione, non doveva averla convinta del tutto. E neanche me. Avevo una paura fottuta.

«Bene, allora possiamo cominciare» decretò Cindy. «Elisha, a te.»

25

Due tecnici di scena portarono sul set una poltrona per Elisha, che si sedette rivolta verso di me.

«Ok, Scott» disse «stenditi sul divano, per favore.»

Obbedii, cercando di controllare l'agitazione che montava dentro di me. Una musica d'ambiente, in sottofondo, avvolse lo studio. Le luci basse avevano creato una specie di circolo magico al centro del set, circondato dall'oscurità nella quale sentivo respiri e fruscii provenienti dal pubblico. Sembrava la scena di una seduta spiritica, e la cosa non mi tranquillizzava per niente.

«Scott, ora voglio che chiudi gli occhi e ti concentri sul tuo respiro» riprese Elisha sporgendosi in avanti. La vedevo incombere sopra di me. «Fai dei lunghi respiri profondi, lentamente. A ogni respiro rilassa sempre più il tuo corpo e lasciati sprofondare nel divano. Concentrati sulla mia voce, e lascia fluire via qualsiasi altro pensiero...»

Provai a fare come mi diceva, se non altro per stare al gioco. In fondo non potevo credere che quella messinscena avrebbe ottenuto qualche risultato. Era uno show, dopotutto. O no?

«Ora voglio che immagini uno schermo davanti a te, con la parola "rilassati" scritta sopra» continuò Elisha. Era nel suo elemento, mentre pronunciava le sue formule da santona. «Focalizzati su quella parola mentre senti i muscoli del viso che cominciano a sciogliersi e a rilassarsi... Lascia che questo rilassamento scorra lungo il collo e nelle spalle, mentre tutta la tensione lentamente scivola via da te...»

Nello studio il silenzio era assoluto, gli spettatori avevano preso alla lettera la raccomandazione di Cindy. Lei stessa si era rinchiusa nella più totale immobilità, anche se mi pareva di percepire della tensione da parte sua. Non osavo però aprire gli occhi per non guastare l'atmosfera.

Nel frattempo sentivo in effetti un certo rilassamento diffondersi lungo tutto il corpo. Avevo le braccia e le gambe intorpidite, e mi accorsi di non riuscire a visualizzare altro che quella parola, "rilassati", scritta sopra un dannato schermo, proprio come aveva chiesto Elisha. Giochetti da ipnotizzatori, pensai.

«Dovresti sentirti calmo, ora» disse lei «mentre questo rilassamento scende lungo la colonna vertebrale e nel petto, attraverso l'addome fino alle cosce, alle ginocchia, agli stinchi, e giù giù nelle caviglie e nei piedi, per poi sparire del tutto.»

Fece una pausa. Sembrava davvero convinta, adesso. «Ora dovresti provare un'assoluta serenità, Scott. Lasciati condurre dalla mia voce sempre più giù, sempre più in profondità...»

Immerso in quel silenzio innaturale, mi sentivo, effettivamente, in uno stato di pace assoluta. La sensazione di trovarmi disteso su un divano, sotto i riflettori di uno studio televisivo, stava scomparendo. I punti di riferimento nello spazio intorno a me si stavano confondendo, e mi sembrava di galleggiare in bilico tra due realtà. Come in una dissolvenza incrociata fra il mondo circostante e... qualcos'altro.

«Ora immagina di trovarti in un bellissimo giardino, Scott» riprese Elisha con la sua voce soffusa, dolce, come di una madre che incoraggi il suo bambino a non avere paura perché lei sarà sempre accanto a lui. «È una giornata calda e soleggiata. Gli uccelli cinguettano, le farfalle ti danzano intorno nella luce dorata. Davanti a te ci sono dei gradini.»

Vedevo quei gradini. Mi trovavo *davvero* nel giardino che lei aveva appena descritto...

All'improvviso cominciai a sentirmi pieno di una strana felicità, che aveva un fondo oscuro, inspiegabile. Qualcosa che allo stesso tempo mi faceva paura.

«Voglio che inizi a scendere lentamente, e a ogni gradino ti sentirai ancora più rilassato e sereno. Mentre scendi io conterò da dieci fino a zero. Sei pronto? Dieci, nove, otto... dovresti sentirti molto rilassato... sette, sei... e ancora di più man mano che scendiamo... cinque, quattro... tre, due, uno... zero.»

Qualcosa in me non avrebbe voluto scendere quei gradini, forse un istinto di sopravvivenza, non lo sapevo. Ma i miei passi li percorsero uno dopo l'altro, senza che potessi impedirmelo.

«Il posto in cui ti trovi ora è più bello di qualunque altro tu abbia mai visto» disse Elisha. «C'è un sentiero davanti a te, che si perde in lontananza. Lungo il sentiero ci sono molte aperture all'ombra di bellissimi alberi. Sopra ciascuna c'è un numero che rappresenta un anno.»

Era vero. C'era un sentiero costeggiato da grandi alberi, con delle specie di porte sormontate dall'indicazione temporale degli anni che diminuivano in sequenza. Sembrava tutto vero, anche se mancava qualcosa. Non c'erano rumori, non c'erano profumi, non c'era... la vita. Mi trovavo in un mondo artificiale, creato all'interno del mio cervello dalle parole evocative di quella specie di maga.

«Ora voglio che cammini lungo questo sentiero mentre gli anni scivolano alle tue spalle» mi ordinò Elisha.

Cominciai ad avanzare lentamente. Non era più una semplice visualizzazione della mia mente: quel giardino sconosciuto era la nuova realtà che mi circondava. Gli alberi frondosi, le ombre che gettavano sul sentiero davanti a me: era tutto così reale...

«Passa oltre quest'anno, poi l'anno scorso, finché gli ultimi dieci anni saranno dietro di te. E continua a camminare, scivolando indietro nel tempo, fino all'anno in cui sei nato e...»

All'improvviso ebbi una leggera contrazione che mi scosse tutto, da capo a piedi. Elisha fu colta di sorpresa, ma riprese subito come se niente fosse.

«... fino all'anno in cui sei nato, e poi ancora oltre» disse.

Stava succedendo qualcosa. Mi sentivo salire un'ondata di panico su per le gambe. Eppure non riuscivo a smettere di procedere in quel cammino a ritroso che mi riportava al tempo della mia nascita e...

Mark e Lisa che scherzano insieme...

Il mio corpo steso sul divano ebbe un nuovo spasmo, più forte del precedente. Non riuscivo a dominare le mie reazioni, stavo perdendo il controllo. Intorno a me sentivo crescere un'energia negativa, Cindy doveva essere sempre più tesa per la piega che stava prendendo l'esperimento.

«Scott» riprese Elisha con tono incerto, chiaramente in difficoltà «continua a camminare lungo quel sentiero, finché...»

Mark e Lisa che si baciano...

Un'altra contrazione, più violenta, mi attraversò tutto, trasmettendosi alle braccia e alle gambe. Dalle labbra mi uscì un lamento prolungato.

«Sta bene?» sentii chiedere Cindy, rivolta alla specialista.

La sua voce preoccupata mi giungeva da grandi lontananze, come se fossi stato sotto anestesia durante un intervento chirurgico. E lo ero, in un certo senso. Disteso sul divano, mi stavano manipolando la mente con i loro bisturi, e qualcosa in me non voleva che lo facessero, qualcosa in me voleva che smettessero subito...

«Scott, devi cercare di rilassarti» disse Elisha con calma forzata. «Ora voglio che ti volti indietro a guardare il sentiero che hai appena percorso. Stai guardando verso il futuro e...»

La scena dell'incidente mortale di Lisa.

Il suo viso insanguinato, il corpo straziato dalle lamiere, l'odore acre della morte...

Iniziai a tremare in modo continuo, come per un attacco epilettico.

«Segui la mia voce, Scott, e comincia a tornare indietro

lungo il sentiero» disse Elisha agitata. Stava perdendo il controllo della situazione.

Mark inseguito dalle auto della polizia sull'autostrada.

La pioggia che batte sul parabrezza.

L'orlo del precipizio che si avvicina, sempre di più...

Il mio tremito divenne ancora più intenso, inarrestabile, mentre Elisha ripeteva incessantemente il mio nome e dal pubblico cominciavano a levarsi esclamazioni preoccupate. Qualcuno chiedeva di fermare tutto.

La Ferrari di Mark che precipita nel burrone...

Il mio corpo fu scosso da una convulsione violentissima che quasi mi sollevò dal divano. Il pubblico ebbe un sussulto collettivo.

«Scott!» esclamò Elisha, spaventata.

Intanto, nel teatro della mia mente, una visione nuova si era sostituita a quella del giardino e del sentiero alberato. Ora vedevo solo un tunnel infinito, un tunnel che sembrava di vetro. E una luce fortissima, laggiù in fondo...

26

Il tunnel di vetro. Immenso, sovrastante. Mark è in cammino verso una luce intensa, laggiù in fondo al tunnel. Davanti e dietro di lui, in una fila lunghissima, centinaia o forse migliaia di persone, ciascuna accompagnata da una figura imponente.

Una processione silenziosa avviata in una direzione misteriosa.

A Mark sembra di essersi risvegliato da un brutto sogno, ha ancora addosso la sensazione sgradevole tipica dei peggiori incubi. Si guarda intorno smarrito, ma la scena è sfocata e lui non vede bene quello che succede.

Poi sente una voce.

«Ciao, Mark.»

Cerca di aprire meglio gli occhi, ma ha la vista ancora appannata. Non riesce a distinguere chi ha parlato.

«Che diavolo succede?» domanda alla sagoma indistinta che vede camminare accanto a sé.

«Quello è probabilmente il termine meno appropriato da usare in questo posto.»

Mark comincia a mettere a fuoco la figura che lo accompagna. Un uomo di colore, che guarda avanti con l'espressione distante di chi sa e vede cose precluse agli occhi altrui.

«Chi sei?» chiede Mark.

«Sono la tua Guida» risponde la figura. «Immagino che ti sentirai un po' confuso.»

Mark annuisce. Sta disperatamente cercando di ricordare ciò che stava facendo prima di ritrovarsi in quel luogo bizzarro, ma frugare nella memoria non lo aiuta. Si rende conto di non riuscire a ricordare assolutamente nulla.

D'impulso si guarda le mani, le braccia, il resto del corpo. Tutto è al suo posto.

La Guida sorride. «Hai ancora un aspetto umano e indossi degli abiti, ma solo perché in questa prima fase non vogliamo che lo choc sia troppo forte.»

«Quale choc? Di che parli?» replica Mark, in tono ostile.

«Devi sapere che non sei più così come ti vedi, e come eri abituato a vederti... prima*» continua l'altro, senza voltarsi a guardarlo. «Il tuo corpo giace ormai in un obitorio, a decomporsi lentamente.»*

Mark scuote la testa. Si rifiuta di credere a quelle parole, e tuttavia non trova una spiegazione a ciò che gli sta succedendo. Un sogno?

Sì, dev'essere così.

Intanto continuano a camminare in fila, verso la luce.

Sprazzi di un mondo meraviglioso all'esterno del tunnel penetrano attraverso il cristallo delle pareti. Squarci di un universo non pienamente umano, o almeno diverso da tutto ciò a cui Mark sente di appartenere istintivamente. Cerca di vedere meglio, ma la Guida gli fa voltare la testa con un cenno, costringendolo a guardare avanti.

«Di cosa stai parlando? E che cos'è questo posto?» chiede alla fine, non resistendo al desiderio di avere delle risposte. «Dove stiamo andando? Dove stanno andando tutti?»

«Tu sei morto, Mark» risponde la Guida senza emozione. Indica la luce in lontananza. «Solo che, invece di andare in quel meraviglioso paradiso nel cielo, stai per tornare indietro sulla Terra.»

«Indietro sulla Terra? Non capisco...»

«Sei un suicida. Perciò devi tornare indietro per completare la tua punizione.»

La Guida per la prima volta si ferma e si gira a fissarlo negli occhi, mentre intorno a loro la processione scorre silenziosa. Guardare dentro quelle pupille è come perdersi in una vertigine. Mark è costretto a distogliere lo sguardo. Una sensazione sorda, oscura, che in quelle parole ci sia un fondo di verità lo pervade.

Lui, un suicida?

«Sarà difficile da comprendere per te, Mark» continua la Guida «ma qualunque cosa tu venga a sapere qui, l'avrai dimenticata non appena inizierai la tua nuova vita.»

«Quindi sarei morto?» fa Mark, mentre una sottile apprensione avanza dentro di lui, il dubbio si insinua tra le sue certezze troppo affrettate.

«Sì.»

«E questo è quello che succede quando si muore?» Fa un gesto ampio per ricomprendere tutto quanto, il tunnel, la processione infinita, la luce laggiù in fondo.

«Dopo la morte, la tua anima vive per l'eternità» risponde la Guida, riprendendo a camminare. «Quando vivi nel mondo parallelo non hai un corpo, non hai bisogno di un'auto, o di una casa, sei completo in te stesso. Immagina la sensazione che provi quando fai l'amore con la donna della tua vita.»

«Sì, conosco quella sensazione...» Improvvisi barlumi di un'esistenza passata rompono il velo che gli oscura la memoria. Rivede tutte le cose che la Guida ha citato, e il corpo bellissimo di una donna bionda, che lo abbraccia e lo desidera e lo ama. «Sì» ripete con voce trasognata.

«Ecco, è come vivere per sempre provando quella esatta sensazione. Sei completo, e non hai bisogno di nient'altro.»

Mark si scuote dall'abbandono cui si è lasciato andare per un momento. Davvero il suo accompagnatore pensa di rifilargli quella storia assurda? Qualcuno sta forse approfittando di una sua condizione di debolezza, forse in seguito a una malattia... o magari a un incidente?

«Fammi capire» dice in tono scettico. «Se la vita in questo "mondo parallelo" è così perfetta, perché allora dobbiamo vivere sulla Terra?»

«La Terra è soltanto uno dei pianeti che usiamo per purificare le nostre anime. Ne abbiamo usati molti come prigioni.»

«Prigioni? Anime da purificare?»

Mark è sempre più smarrito e spaventato, nonostante cerchi di dissimularlo. Il guaio è che il suo interlocutore ha tutta l'aria di parlare sul serio. E quel dannato sogno, se di sogno si tratta, non accenna a finire. «Perché mai dovremmo essere purificati? Da che cosa?»

«La tua è una reazione normale» replica la Guida, come rimproverandolo benevolmente per la sua ostinazione. «Nessuno comprende, durante quella vita. Perciò non lo si pretende ora da te.»

Poi non aggiunge altro, e Mark non ha più la forza di indagare oltre. Teme di ricevere ulteriori conferme su una verità che invece vorrebbe cancellare tutta in una volta, con un battito di ciglia. Per risvegliarsi di nuovo, questa volta davvero, e scoprire con sollievo che la sua immaginazione gli ha giocato un brutto scherzo.

Chiude gli occhi.

Quando li riaprirà, tutta quella follia sarà scomparsa...

27

Mark riapre gli occhi. Tutto è come prima. Il tunnel di vetro. La luce in fondo, la Guida accanto a lui. Ora ha paura. Intanto la fila, di cui non si scorgono né il principio né la fine, avanza in modo impercettibile verso la sua destinazione. A Mark sembra di essere l'unico a scambiare qualche parola con la sua Guida. Tutti gli altri, davanti e più indietro, procedono a testa china, silenziosi, come se avessero accettato di buon grado quella nuova realtà.

Poi, mentre passano, l'attenzione di Mark viene catturata da una vasta sala che si apre da un lato, interrompendo la continuità delle pareti del tunnel. Scorge grandi monitor di un materiale simile alla celluloide che mostrano migliaia di immagini in rapidissima sequenza.

«È una delle nostre sale di controllo» gli spiega la Guida, anticipando la sua richiesta.

«E che cosa controllate?»

«Cervelli umani.»

Mark lo guarda senza capire.

«Quando inviamo sulla Terra un'anima impura usiamo il cervello come limitatore» continua l'altro «in modo che non possa ricordare da dove viene e perché è nata. Pensa a cosa succederebbe, se tutti sapessero la verità.»

Mark osserva meglio uno dei monitor, che proietta ad altissima velocità scene della vita di qualcuno. Riesce appena a distinguere attimi conviviali o amorosi, facce, luoghi, istanti significativi oppure banali, tutto frantumato in un mix vorticoso. È tutto quello che rimaneva di una persona? Tutto quello che rimarrà di lui?

«Cosa fanno quelle macchine?» chiede perplesso.

«Prelevano le informazioni di ogni vostra singola giornata. Voi credete di sognare, quando, in realtà, noi preleviamo tutte le immagini che avete assimilato e vi giudichiamo.»

Mark resta senza parole. Era tutto studiato nei minimi particolari.

«Nessuno può sapere la verità, perché nessuno va sulla Terra sapendola» continua la Guida. «Il cervello è il nostro unico metodo per limitare la conoscenza. Perché se anche una persona soltanto conoscesse la verità...»

«Questo gioco delirante finirebbe» completa Mark «e vi ritrovereste con milioni di suicidi, come me, se quel che hai detto fosse vero. La gente vorrebbe vivere la sua vita vera senza tutte le sofferenze e la tristezza che affliggono il mondo.»

«La vita sulla Terra non è poi così male» replica la Guida in tono conciliante. «Rifletti: puoi sfrecciare su belle macchine, comprarti bei vestiti, cenare in ristoranti alla moda, ammirare l'alba, nuotare nell'oceano, godere il profumo di un fiore, stenderti sull'erba... Niente che tu possa fare in questa vita. Le cose buone necessitano delle cose cattive, per essere apprezzate.»

Mark tace, non sa più cosa pensare del suo interlocutore, che ora lo sorprende con quell'improvviso accento poetico. Qualcosa che stona, in quel contesto, anche per la sottile vena di ironia che gli sembra di cogliere in tutto ciò che l'altro dice. Come se un essere superiore, onnisciente, stesse giocando con lui per il proprio divertimento.

«Vedi, Mark, ora ti apparirà tutto molto difficile da comprendere, ma fidati, è molto più semplice di quanto credi. È un normale ciclo di purificazione. Arrivi sulla Terra, non sai da dove, non sai quanto resterai, hai delle regole da seguire, tu sai quando fai bene e quando fai male, ma sei libero di fare le tue scelte. Il libero arbitrio, Mark. Più rimani sulla Terra e più hai da purificare, meno rimani e meno sofferenza dovrai subire. Gli umani piangono quando qualcuno di giovane abbandona la Terra. Sbagliato. In realtà, significa che hanno finito il processo di purificazione e sono pron-

ti per tornare alla loro esistenza eterna nel mondo parallelo, nella loro vita vera. Questo ciclo avviene centinaia, migliaia, miliardi di volte, ogni anima ha avuto innumerevoli vite sulla Terra.»

Mark non capisce, continua a strofinarsi gli occhi, sperando di risvegliarsi da questo incubo.

«Perché mi dici questo? Perché mi stai dando tutte queste informazioni?» chiede infastidito.

La Guida non risponde.

«Dove stiamo andando?» chiede Mark mentre proseguono oltre, e intanto si accorge di aver cominciato a credere in ciò che vede.

Il mondo che lo circonda è quasi inconcepibile, ma ha una sua coerenza. Sembra davvero qualcosa che va al di là dell'umana comprensione. Potrebbe essere la risposta definitiva a tutte le domande.

«Chiedimi dove stai andando tu» ribatte la Guida. «Eri programmato per vivere sulla Terra ottantacinque anni. Ti sei ucciso a trentacinque. Perciò devi tornare sulla Terra a completare la tua purificazione.»

Mark è percorso da un brivido di terrore, di fronte a quella che suona come una sentenza inappellabile. Non ha più molta voglia di fare del sarcasmo e di mostrarsi incredulo a oltranza. Se quello non è un sogno, e nemmeno uno scherzo, dato che nessuno allestirebbe mai una simile messinscena per fare uno scherzo a lui, be', allora...

La Guida gli indica un'altra serie di macchine. Forse ha percepito il suo panico improvviso e cerca di attenuargli la durezza del colpo.

«Queste servono a inviare i guardiani che controllano la Terra» spiega.

«Guardiani?» ripete Mark meccanicamente. Ormai le sue difese sono crollate.

«Alla fine della punizione è prevista un'altra fase, prima che tu sia completamente purificato.»

«Quale fase?»

«La mia. Dovrai diventare una Guida e proteggere il sistema. Vuoi sapere in che modo? Una Guida può andare sulla Terra sapendo la verità e disponendo di poteri molto speciali.»

Mark è in uno stato di totale confusione.

«Seguimi, ti mostro come funziona.»

La Guida abbandona la lunga fila e lo porta all'interno di una delle sale macchine.

Mark guarda quegli strani aggeggi modernissimi come se stesse guardando un film di fantascienza.

«Hai mai notato che le nuove generazioni nascono già portate per la tecnologia? Bambini che a soli tre anni sanno armeggiare con computer, telefoni, senza che nessuno glielo abbia insegnato?»

Mark scuote la testa, mentre scruta i macchinari intorno a lui.

«Ogni nuova generazione è più evoluta, si avvicina sempre di più alla perfezione, al mondo parallelo, e questo grazie alle volte che è stato sulla Terra.»

Tutte quelle informazioni, comprensibili in se stesse ma assolutamente folli da qualsiasi punto di vista, lo hanno disorientato ulteriormente. Pensare alla Terra come lui l'ha sempre pensata, ora che qualche ricordo trapela dalle nebbie che lo avvolgono, e dover accettare lo scenario che gli viene prospettato di un universo su piani paralleli, lo sta sospingendo sull'orlo dell'abisso.

Soltanto una domanda gli aleggia sulle labbra, l'unica che non abbia ancora fatto. L'unica che ormai abbia un senso.

«Ma perché... perché tutto questo?»

«Mi chiedi qualcosa che non sei ancora in grado di capire» risponde la Guida. «Questo meccanismo lavora per un sistema più ampio. Siamo cavie di laboratorio, un esperimento per una realtà più grande.»

«Un esperimento?» replica Mark, fissandolo stordito. «Vuoi dire che saremmo tutti una specie di porcellini d'India?»

«La Terra non è altro che una macchina per sterilizzare le nostre anime.»

«No, no, basta, io non sto davvero ascoltando queste cose...» Mark si prende la testa fra le mani e comincia a scuoterla. «È un incubo, è solo un dannato incubo!» esclama.

«Ti assicuro che non lo è, Mark. So come ti senti, questa tua fase io l'ho passata molte volte.»

Mark si guarda intorno e prova un senso di vertigine ancora più sconvolgente. Tutto ciò che lo circonda gli appare di nuovo confuso, indistinto. Come se quel mondo stesse scolorando, prima di spegnersi e svanire.

«Non mi sento molto bene» mormora.

«Non me ne preoccuperei» dice la sua Guida. «È giunta l'ora che tu ritorni sulla Terra, a una nuova vita, per completare la purificazione.»

«No! Non voglio!»

All'improvviso Mark esce dalla fila e si allontana dalla Guida, facendosi largo tra la folla di persone in cammino. Corre avanti fino a un'altra di quelle grandi sale laterali e cerca un posto dove nascondersi, ma oltre agli schermi giganteschi sembra non esserci nient'altro.

Echeggia la risata della Guida. «Qui non puoi nasconderti, Mark!»

Lui non si dà per vinto ed entra in un'altra sala, occupata da monitor di celluloide e intersecata da raggi laser. Spera di individuare la macchina che i guardiani usano per andare sulla Terra. L'unico suo desiderio è tornare laggiù, il resto non ha importanza. Spera solo di poter dimenticare questo sogno assurdo da cui sembra impossibile svegliarsi.

"E questo lo chiamano paradiso?" dice tra sé. "La vita dopo la morte è così?"

Poi si gira di scatto e si vede riflesso in una specie di specchio.

Un profilo di luce bianca.

Dove lui dovrebbe trovarsi, non c'è nulla che assomigli a una figura umana. Solo quel nitido contorno luminoso.

«E quello sarei io?!» esclama terrorizzato. «Dev'essere per forza un incubo!»

D'impulso balza dentro uno di quegli strani macchinari, costruito in un materiale trasparente e circondato da condotti luminosi. Un cursore pulsa a intermittenza nell'oscurità elettrica, come un cuore attraversato dalla luce fosforescente, bruciando sotto la superficie di uno schermo nero. Un allarme risuona nell'intero settore. In preda al panico, Mark cerca disperatamente un modo per azionare il meccanismo, ma ha di fronte una tecnologia che gli è totalmente aliena, indecifrabile.

«Mark, non puoi farci niente» insiste la Guida, che ora lo osserva impassibile dall'esterno. «Rassegnati, è questo il destino che è stato scritto per te.»

Mark preme un pulsante che lampeggia.

Poi una luce violentissima invade la sala.

Ed è tutto.

28

Spalancai gli occhi di colpo. Elisha e Cindy sussultarono, colte di sorpresa. Tutto lo studio televisivo sembrava aver trattenuto il fiato fino a quel momento.

Cindy mi osservava con ansia, seduta sull'orlo della poltrona. Se ne stava con un braccio teso a mezz'aria, pronta a chiamare un blocco pubblicitario per sospendere la trasmissione. Le luci sul pubblico erano state riaccese.

«Tutto bene, Scott?» mi chiese Elisha. L'esperta di regressioni aveva l'aria molto provata. L'esperimento non era andato come si aspettava.

Io vedevo tutto offuscato. Le facce e le sagome delle due donne che erano lì con me, al centro del set, mi apparivano dietro un velo di nebbia. Tutto lo studio si confondeva davanti ai miei occhi, mi sembrava che ondeggiasse e si curvasse su se stesso. Lontana, la voce apprensiva di Elisha continuava a ripetere il mio nome mentre mi guardavo intorno a occhi sbarrati. Però il mio corpo non tremava più come poco prima, forse il peggio stava passando. Anche Elisha e Cindy sembravano sollevate.

«Ti senti bene, Scott?» mi chiese la conduttrice. «La regressione ha funzionato? Che cosa hai visto? Hai mormorato qualcosa a proposito di un tunnel...»

La guardai fisso. Non capivo di cosa stesse parlando, e nemmeno mi interessava molto.

«I numeri» dissi soltanto.

«Scusa?» fece Cindy.

«I numeri...» ripetei, ricominciando ad agitarmi per una ragione ben precisa.

Cindy rivolse a Elisha un'occhiata interrogativa che era anche un invito a fare qualcosa per sbrogliare la situazione.

«Ehm, Scott...» provò a dire la specialista, impacciata.

Io continuavo a guardarmi intorno, scorrendo fila dopo fila i settori occupati dal pubblico. Ora la mia visuale era nitida, quella nebbia indistinta era scomparsa, e ciò che avevo notato poco prima mi appariva ben chiaro.

Terribilmente chiaro.

Sopra la testa di ciascuno dei presenti, una coppia di numeri mostrava il conto alla rovescia che li separava dalla morte.

Sopra la testa di Cindy, sopra la testa di Elisha, e sopra quella di ogni singolo componente del pubblico e dello staff, quei diabolici numeri sfavillavano come insegne di Broadway.

«Scott, di quali numeri stavi parlando?» chiese ancora Cindy.

«Io sono una Guida» dissi allora in tono grave, come un'annunciazione. Dovevo cogliere quell'opportunità per lanciare il mio messaggio, ora che avevo *visto*. Ora che *sapevo*.

Quello che mi era successo, le visioni, i poteri, ora tutto era perfettamente chiaro. Perché io non ero soltanto Scott Mason, e nemmeno semplicemente Mark Demmert.

Io ero una Guida.

«Scott, non capiamo quello che dici» intervenne Elisha. «Che cosa è successo durante...»

«Io so perché siamo qui» la interruppi, alzandomi a sedere sul divano. Il mio movimento improvviso fu accolto da qualche gridolino tra il pubblico. «Adesso ricordo tutto!»

«Che cosa ricordi, Scott?» chiese Cindy.

«Che cosa hai visto?» si unì Elisha. Tutt'e due mi fissavano angosciate.

«È una prigione» risposi, atterrito dalla visione di tutti

quei timer. Mi sentivo circondato da simboli di morte, dovunque guardassi. «Non è altro che una prigione.»

«Che cosa? Spiegati meglio, Scott» insistette Cindy, parlandomi come a un bambino. «Che cosa, è una prigione?»

«Tutto. Il mondo in cui viviamo» risposi in tono concitato, incapace di dare una forma logica a quel che dicevo. «Tutto quello che pensiamo di sapere è un inganno...»

Le due donne si scambiarono un'occhiata perplessa. Mormorii dal pubblico.

«Controllano tutto quello che facciamo» continuai, rendendomi appena conto che in quel modo stavo rovinando la mia unica occasione. Tutti mi avrebbero preso per uno svitato che andava in TV a mettersi in mostra.

«Chi?» domandò Cindy. «Chi ci controlla?»

«Le Guide.»

Cindy si rivolse a Elisha. «È normale, questa reazione?» le chiese. Passato lo spavento iniziale, si stava convincendo che fossi uno squilibrato. L'altra, a corto di spiegazioni, si limitò a stringersi nelle spalle.

«Scott, hai scoperto qualcosa sul conto di Mark?» chiese Cindy.

«Non siamo liberi» ripresi, proseguendo come se nemmeno l'avessi sentita.

Cercai con lo sguardo la telecamera e fissai l'obiettivo. Dovevo rivolgermi agli spettatori, fra loro qualcuno mi avrebbe creduto.

«Non siamo *mai* liberi, capite? Siamo solo delle cavie» dissi, guardando diritto in macchina. «Cavie per un altro mondo.»

«Ok, grazie, Scott» tagliò corto Cindy.

«Questa non è vita!» esclamai infervorandomi. «È solo una fase per purificare le nostre anime. Un modo per tenerci soggiogati finché non ci ritengono pronti per la nostra vita autentica.»

«Mi spiace, Scott, ma stiamo sforando» disse Cindy, preoccupata per l'esito della trasmissione. «Bene, credo che a questo punto...»

Diede un'occhiata verso la regia, ma un assistente le fece segno di continuare e lei non finì la frase.

«Dovete ascoltarmi!» dissi, ormai fuori di me. Nello studio tutti tacquero, sgomenti. «In realtà non siamo umani. Siamo inviati qui da loro, dalla nostra stessa specie, veniamo osservati e controllati... e tutto per poterci conquistare il paradiso!»

«Puoi mettere fine a questa cosa?» chiese a mezza bocca Cindy a Elisha, senza ottenere risposta.

«Ci sorvegliano ventiquattr'ore su ventiquattro» continuai in tono delirante. «Ci sono macchine che creano esseri umani. Le Guide vengono sulla Terra a controllarci...»

«Adesso basta, Scott» riprovò Cindy «dobbiamo andare avanti con lo show. Il tempo a tua disposizione è finito.»

«Perché non volete ascoltarmi?!» gridai. «Controllano ogni istante della vostra vita. Più vi comportate bene, meno resterete a soffrire su questo pianeta... È orribile!»

«Davvero, dobbiamo passare ad altro» insistette Cindy, che nemmeno mi ascoltava più. Altra occhiata alla regia. «Ok» disse stavolta, alzando un braccio per dare un segnale. «Adesso lanciamo la pubblicità, Scott, e...»

La ignorai e balzai in piedi, rivolgendomi al pubblico in studio. Mi restavano pochi istanti ancora, dovevo fare qualcosa di decisivo.

«So che voi tutti mi riterrete pazzo» dissi con voce più calma. «Ma c'è una donna qui, tra il pubblico, che morirà fra tre minuti esatti.»

Un'esclamazione scandalizzata salì dal pubblico, che iniziò a rumoreggiare.

«Non è possibile, è un delirio» commentò Cindy, ormai impotente. Aveva perso il controllo dello studio. E nel frattempo gli spot non partivano. Qualcuno, in sala regia, contava di fare il pieno di audience grazie a me.

«Ehm, Scott...» fece Elisha, ritrovando il dono della parola dopo un blackout durato parecchio. «Perché dici che qualcuno morirà? In questo modo spaventi tutti.»

Non persi tempo a risponderle. Sospesi sugli spettatori,

i timer proseguivano implacabili il loro conteggio. Sopra la testa di una donna sulla sessantina che avevo individuato, i numeri parlavano chiaro: due minuti di vita.

«La donna nella quarta fila» dissi, indicando con un gesto deciso. «Fra due minuti lei morirà.»

Ci fu trambusto fra il pubblico, un misto di reazioni impaurite e risate beffarde mentre tutti si giravano verso la quarta fila.

«E di che cosa dovrebbe morire, Scott?» mi chiese Cindy in tono aggressivo. «Non ti permetto di parlare in questo modo nel mio programma.»

«Non lo so di cosa morirà!» sbottai. «Ma dovete far venire un'ambulanza, subito!»

«Se stesse davvero per morire non potremmo fare granché, non ti pare?»

«Chiamate un'ambulanza!» urlai agitandomi come un indemoniato. «Adesso! Ha bisogno di un'ambulanza, altrimenti fra un minuto sarà morta!»

«Devi calmarti, o farò intervenire la sicurezza» disse Cindy, con un'occhiata agli addetti in attesa fuori dal set.

«Chi è?» mi domandò Elisha, molto più incerta dell'altra sulla natura delle mie affermazioni. «Quale sarebbe la donna?»

A quel punto mi spostai verso il pubblico e allungai un braccio per indicare, senza possibilità di equivoci, la donna in quarta fila che indossava una maglia verde chiaro.

Davanti al mio movimento improvviso, il volto della vittima predestinata si trasfigurò in una maschera di terrore e nello studio serpeggiò il caos, neanche fossi stato King Kong quando si libera spezzando le catene.

«Chiamatele un'ambulanza, cazzo, dovete fare come vi dico!» gridai ancora.

Vidi due uomini in divisa venire verso di me.

«Scott, cosa fai?!» sentii la voce di Barbara che gridava, ma non riuscii a voltarmi nella sua direzione, gli uomini della sicurezza mi bloccarono tenendomi per le braccia.

«Perché nessuno mi ascolta?» urlai a squarciagola, divincolandomi. Volevo correre in soccorso di quella poveretta, prima che fosse troppo tardi...

Ma a un tratto la donna in quarta fila, stravolta dall'angoscia, si portò una mano al petto, il viso le si contrasse in una smorfia di dolore. Cercò di aggrapparsi a qualcosa, ma cadde sulle ginocchia.

«Quindici secondi...» dissi, senza riuscire a distogliere gli occhi dalle cifre che scandivano in silenzio gli ultimi istanti di quella vita. Ero quasi immobilizzato dalle guardie, ma continuavo lo stesso a dibattermi e a urlare con tutte le mie forze. «Chiamate un'ambulanza, non vedete che sta morendo?»

La donna era riversa sui sedili davanti, ormai in agonia a causa di un attacco di cuore. Nessuno si avvicinava a soccorrerla. La gente del pubblico aveva ceduto al panico, c'era chi strillava e chi si affrettava verso le uscite. Intorno alla vittima si era creato il vuoto. Poi la donna crollò a terra. Era morta.

A quel punto si scatenò un vero pandemonio, il terrore divenne generale e tutti si diedero alla fuga, staff compreso, in una selva di numeri e conti alla rovescia che vedevo fluttuare davanti a me. Avevo perso di vista sia Cindy sia Elisha.

Avevo smesso di opporre resistenza. Le lacrime mi scorrevano lungo le guance. Sentivo quel fallimento come mio, quella morte annunciata come la conseguenza delle mie azioni, o delle mie non-azioni.

Poi riuscii a girarmi verso Barbara. Avevo bisogno di sapere che era ancora lì con me. La vidi sempre dietro le quinte, stava indietreggiando con un'espressione inorridita, scuotendo meccanicamente la testa. Doveva essere sotto choc, come molti altri in quello studio. Sgranai gli occhi, e rimasi pietrificato. Quasi mi abbandonai tra le braccia delle guardie, che mi sorressero mentre tentavano di trascinarmi verso una delle uscite. Mi sembrò che il cuore avesse smesso di battere.

I numeri... ancora quei numeri.

A Barbara restavano solo dieci ore da vivere.

29

La diretta era stata interrotta soltanto da pochi minuti e sostituita dagli spot. Sempre trattenuto dalle guardie, avevo visto Barbara scappare via. L'avevo chiamata, ma non si era fermata né voltata indietro e, bloccato com'ero, non avevo potuto inseguirla. Nel caos che si era scatenato, il personale dello studio era accorso dalla donna che giaceva immobile a terra, tra le file di sedili. Un uomo le stava sentendo il polso, poi scosse la testa.

La conferma di quella sciagura si sparse in un baleno, aggravando la situazione di panico generale. Un gruppo di persone in fuga quasi travolse me e i due addetti alla sicurezza che mi tenevano fermo. Ne approfittai per liberarmi con uno strattone e sgusciare via dal set, in mezzo alla folla urlante che si accalcava all'uscita dello studio. Mi mescolai alla gente e aprendomi la strada cercai di individuare Barbara. Nessuno faceva più caso a me.

«Scott, aspetta! Scott!» mi sentii chiamare in mezzo alla calca.

Mi fermai di colpo, poi mi voltai. Era Howard, che stava tentando di raggiungermi.

«Dov'è andata?» gli chiesi ansiosamente. «Dimmi dov'è andata!»

«Non lo so, è fuggita via all'improvviso!» mi rispose lui, afferrandomi per le spalle. «Calmati, Scott... Che diavolo è successo, là dentro?»

«Devo trovarla» replicai. Non era il momento per le spiegazioni. Del resto non avrei saputo spiegare niente... ed ero stanco, davvero stanco che qualcuno mi chiedesse di farlo.

«Ok, prendi la mia macchina» disse Howard, tirando fuori di tasca un mazzo di chiavi.

Quasi gliele strappai di mano e ripresi a farmi largo verso l'uscita. Nel parcheggio localizzai la sua Audi grazie al telecomando che era insieme alle chiavi, salii e schizzai via, destreggiandomi nel groviglio impazzito di macchine che lasciavano gli studi televisivi in una bolgia di clacson.

Tenni una mano sul volante, con l'altra tirai fuori il cellulare dalla tasca dei pantaloni, lo riaccesi e chiamai Barbara.

Segreteria telefonica.

Provai di nuovo. Ancora la voce registrata.

«Merda!» esclamai tra i denti.

In quel momento un SMS mi segnalò tre chiamate perse. Erano tutte di mia madre, sicuramente mi aveva visto in TV... Non volli nemmeno pensare a cosa potesse avere provato davanti a quella scena. Gettai il telefono sul sedile accanto e sgusciai fuori dal parcheggio, immettendomi nella strada principale.

Cominciai a battere le vie circostanti nel traffico serale di Santa Monica, guardando in tutte le direzioni in cerca di Barbara. Ma le luci delle insegne, i fari delle auto, il flusso dei pedoni mi facevano quasi girare la testa. Era impossibile rintracciarla.

Abbagliato da tutte quelle fonti di luce, per qualche istante non mi accorsi che i numeri... erano dappertutto. Sopra le teste delle persone che affollavano i marciapiedi o viaggiavano a bordo delle loro auto. Numeri che si sovrapponevano in infinite combinazioni e che svelavano esistenze ancora tutte da vivere e morti imminenti. Questione di mesi, per alcuni di settimane.

Mi mancò il fiato. Era come se potessi intravedere la matrice segreta della realtà, come in quel film, ma una matrice ben più macabra e senza scampo. Quelle cifre che scorrevano a migliaia, quei gelidi ed efficientissimi timer erano l'essenza a cui si riducevano le nostre misere ma irripetibili vite...

Mi resi conto che stavo per precipitare nella follia. Una parte di me avrebbe voluto premere sull'acceleratore e andare a schiantarmi per mettere la parola fine a tutto. Ed esaudire la profezia scritta nei miei sogni su Mark. Un'altra parte, quella che ancora resisteva e lottava per sopravvivere, per cercare la verità, mi impedì di farlo. Ora dovevo pensare a una cosa soltanto: ritrovare Barbara prima che il suo timer esaurisse il conteggio. Prima che la sua vita finisse.

Ero talmente disperato all'idea di perderla, che non mi era nemmeno passato per la testa che qualcuno avrebbe potuto dare la caccia *a me*. Chi avrebbe mai creduto alla storia dei timer? Potevano davvero credere che la donna morta poco prima in diretta TV fosse una vittima predestinata? Che sarebbe morta comunque, in quel momento, come morirà ciascuno di noi allo scadere del suo tempo?

Decisi di abbandonare le ricerche ormai inutili nella zona dei Palisade Studios e di fare un salto al motel. Forse Barbara era tornata là, in uno dei pochi luoghi che conosceva. Giunsi a Inglewood in pochi minuti. Parcheggiai e mi precipitai alla reception. C'era il solito portiere, un messicano. Gli chiesi se Barbara fosse tornata a prendere una stanza. Mi disse di no, ma non mi sembrava del tutto sicuro. Forse non aveva capito.

«Aspetti, le faccio vedere...» dissi, e gli mostrai una foto di lei che tenevo sul display del cellulare. «Questa è la ragazza che era con me, se la ricorda?»

«Me la ricordo, sì, l'ultima volta che l'ho vista era con te, ieri mattina, quando avete lasciato la camera. Non è più tornata qui.»

Lo ringraziai e me ne tornai all'auto, distrutto. Senza ragionare sull'assurdità di quel che facevo, soprattutto a quell'ora e in una zona non proprio raccomandabile, mi misi a fermare la gente a caso, mostrando loro la foto di Barbara.

«Ha visto questa ragazza?» chiedevo. «Per favore, non l'ha notata da queste parti? Si chiama Barbara e devo trovarla...»

Quasi tutti mi guardavano insospettiti e mi scansavano affrettando il passo. Solo alcuni diedero una rapida occhiata alla foto sul mio cellulare, per poi tirare dritto scuotendo la testa. Intanto i timer erano spariti di nuovo.

Ci volle un po' perché mi rendessi conto di quanto fosse ridicolo quel tentativo. Allora risalii in macchina e ripartii senza una meta precisa. Provai a richiamare il numero di Barbara. Segreteria. Decisi di chiamare Howard.

«Scott, sei tu?» disse la voce di Howard.

«Notizie di Barbara?» gli chiesi angosciato. Nella sua risposta riponevo le mie ultime speranze.

«Nessuna, mi spiace. Ma tu dove...»

Interruppi la telefonata. Col dorso della mano mi asciugai una lacrima sulla guancia. Non potevo nemmeno concepire l'idea di non rivedere più Barbara. Che cosa avrei fatto senza di lei?

Poi le luci di un distretto di polizia in lontananza mi strapparono nuovamente dall'orlo dell'abisso. Forse mi restava ancora una possibilità. E ci avrei provato, a qualsiasi costo.

Varcai la soglia del distretto e andai dritto al front desk. A quell'ora gli uffici erano abbastanza tranquilli. Alcuni agenti di pattuglia che si davano il cambio, qualche faccia losca pizzicata forse a spacciare o a rubacchiare, un paio di prostitute di colore che erano state fermate. Il poliziotto di turno dietro il bancone mi guardò senza troppo interesse e mi fece un cenno per sapere cosa volessi. Probabilmente pensava che di notte, alla mia età, non avrei dovuto essere ancora in giro.

«Devo segnalare una persona scomparsa» dissi, ben sapendo che quella denuncia avrebbe potuto mettermi nei guai.

Iniziò a riempire un modulo al computer mentre gli fornivo le generalità di Barbara.

«Da quanto tempo è scomparsa?» mi chiese poi, continuando a guardare lo schermo.

«Da due... ehm, da ventiquattr'ore» mi corressi in fretta, per dare alla mia segnalazione un minimo di senso.

«E dov'è stata vista, l'ultima volta?»

«Ai Palisade Studios.»

«Ok, ho preso nota, ma dobbiamo aspettare quarantott'ore dalla scomparsa, prima di poter assegnare qualcuno alle ricerche.»

«Come? No, no, Barbara non ha quarantott'ore... Io devo ritrovarla adesso, subito.»

«Spiacente, ma...» Solo in quel momento l'uomo alzò gli occhi su di me. «Ehi, dove ti ho già visto?» fece, osservandomi più attentamente. «Non sei quel ragazzo che era in TV, stasera?»

«No...» risposi.

«Ma sì, al "Cindy Show"» insistette il poliziotto. «Eri tu, vero?»

«Non so di cosa stia parlando» dissi, e iniziai a indietreggiare verso l'uscita. La nostra conversazione stava cominciando ad attirare l'attenzione dei suoi colleghi.

«Non pensarci neanche, ad andartene così» disse l'agente, alzandosi. «C'è parecchia gente che vorrebbe farti qualche domanda.»

«Non ho fatto niente» mi difesi, indietreggiando ancora di un altro passo.

«E quella donna che è morta?» L'agente girò intorno al bancone senza togliermi gli occhi di dosso.

«Ha avuto un attacco di cuore...»

Un altro passo indietro.

«Sì, dopo che tu l'avevi terrorizzata.»

«Non è stata colpa mia, sarebbe morta comunque!» esclamai, poi mi girai e scappai fuori.

Mentre correvo verso l'auto parcheggiata poco più in là, sentii dietro di me la porta del distretto che si spalancava con violenza e la voce dell'agente che mi intimava di fermarmi. Mi stava inseguendo, sentivo i suoi passi ravvicinati dietro di me. Raggiunsi l'auto, misi in moto e sfrecciai via, un attimo prima che il poliziotto mi agguantasse. Nello specchietto retrovisore lo vidi piantato in mezzo alla strada che parlava nel microfono della sua radio. Molto presto li avrei avuti tutti addosso.

30

Mi allontanai a tutta velocità dalla zona del distretto. La paura e la tensione accumulata nelle ultime ore mi impedivano di ragionare, avrei avuto bisogno di essere lucido per capire che cosa fare.

Poi notai nello specchietto retrovisore un lampeggiante in lontananza e mi resi conto che la caccia era cominciata. Da quel momento ero un animale braccato nella giungla d'asfalto di una metropoli sconosciuta. Accelerai in preda al panico, svoltando in una strada a caso per proseguire in quella mia fuga senza destinazione e senza speranza. Non avevo idea di dove stessi andando. Guidavo e basta, come sotto l'effetto di una droga che mi rendeva incapace di pensare, ma solo di continuare a muovermi, a correre sempre più veloce...

Di colpo le auto davanti a me rallentarono e si fermarono a un semaforo. Scartai bruscamente e mi buttai nella corsia opposta per superarle. Una macchina che stava arrivando veloce in senso opposto sterzò per evitarmi, finì sul marciapiede e andò a sbattere contro la parete di un edificio. Rimasi sconvolto, ma ebbi appena il tempo di girarmi per vedere che cosa fosse successo al guidatore, quando mi accorsi di un pickup diretto verso di me. Il suono assordante e ripetuto del suo clacson mi fece riprendere dallo choc, e cambiai traiettoria all'ultimo istante scongiurando l'impatto. Ero in iperventilazione e mi sarei messo a urlare, ma dovevo restare ben attaccato al volante e togliermi in fretta da quella situazione. Un'occhiata allo specchietto. L'auto della polizia era sempre più vicina.

Dovevo tentare il tutto per tutto.

Pigiai il piede sull'acceleratore e attraversai alla cieca un grosso incrocio, provocando manovre disperate, collisioni, schianti di lamiere e vetri in frantumi... Ma almeno ero riuscito ad aumentare un po' la distanza tra me e gli inseguitori. Dovevo approfittarne per cercare di seminarli. Mi lanciai in uno slalom rischiosissimo in mezzo al traffico che procedeva lentamente, ma quando ormai ce l'avevo quasi fatta a prendere il largo, persi il controllo dell'auto e centrai in pieno la fiancata di una berlina dall'altro lato della strada, scaraventandola contro un lampione. L'airbag si attivò, proteggendomi dall'impatto.

Dopo qualche secondo mi guardai intorno. Ero confuso e intontito dall'urto, ma non mi ero fatto niente.

Dei passanti si avvicinarono, qualcuno mi chiese come mi sentivo. Altri stavano soccorrendo l'autista della berlina, che vedevo sanguinare da un taglio sulla fronte. Sopra la sua testa c'erano i numeri... ma per fortuna aveva ancora davanti molti anni da vivere. Sopra la testa di ognuno lì intorno, vedevo di nuovo i timer che procedevano con il conto alla rovescia.

«No, no...» mormorai, scuotendo la testa meccanicamente.

Mi sentivo vittima di una maledizione, di qualcosa di terribile che mi avrebbe perseguitato fino alla fine dei miei giorni. Così come non mi avrebbe mai abbandonato il senso di colpa per i disastri e le sofferenze che stavo provocando. Dovevo andarmene subito via da quel posto. E poi era questione di minuti, forse di secondi, prima che i poliziotti mi piombassero addosso.

Ignorando le premure dei soccorritori, scesi e mi infilai dentro una delle loro auto, una Bmw, prima che potessero rendersi conto delle mie intenzioni. Le chiavi erano inserite nel quadro. Avviai il motore e scappai.

Non era stata però una mossa granché intelligente.

Dopo pochi minuti, il suono delle sirene, ancora la polizia. Accelerai, ma i miei inseguitori guadagnavano terreno. Poco alla volta, ma costantemente. Tagliai un angolo ad alta velocità, sfiorando di pochissimo due auto e urtandone una terza che mi costrinse a rallentare e a tenere saldamente il volante per non uscire di strada.

Svoltai ancora, a destra e poi a sinistra, e mi ritrovai in un fottuto vicolo cieco, buio e invaso dai rifiuti. Inchiodai per non schiantarmi contro il muro che lo chiudeva a un centinaio di metri. Nessuna via d'uscita, da quella parte. Mi ero fregato con le mie mani. Ripartii in retromarcia, ma l'auto della polizia si infilò nel vicolo bloccandone l'imboccatura.

Ero in trappola.

Non mi fermai. Voltandomi indietro vidi attraverso il lunotto posteriore i due agenti a bordo aprire le portiere. Uno dei due scese, puntando la pistola nella mia direzione e tenendosi al riparo della portiera aperta. Sentii vagamente una voce che urlava qualcosa da un altoparlante, ma non ci badai e accelerai, investendo in retromarcia l'auto della polizia. La portiera aperta colpì l'agente e lo trascinò con sé. L'uomo cadde a terra lasciandosi sfuggire l'arma, che rotolò via.

Il collega rimasto al posto di guida richiuse la portiera dal suo lato e cercò di spostarsi dalla mia traiettoria. Vedevo benissimo la sua faccia terrorizzata, sembrava un tipo molto giovane, magari era una recluta al suo primo giorno di servizio...

Diedi ancora gas e l'impatto proiettò la loro auto indietro per un altro tratto. All'interno dell'abitacolo gli airbag si attivarono, mentre il poliziotto stava aggrappato affannosamente al volante. Impressi un'ultima spinta, fino a sputare fuori l'auto dal vicolo in mezzo alla strada principale. Una macchina che sopraggiungeva la investì di lato violentemente, facendola girare su se stessa. Io feci inversione dopo essere sgusciato dal vicolo e mi immisi di nuovo nel traffico.

Stavo per tirare un sospiro di sollievo, ma quell'assurda

sensazione di invincibilità che mi sentivo dentro durò poco. Altre due auto della polizia erano in avvicinamento a sirene spiegate. Svoltai bruscamente verso la rampa di uscita di un'autostrada, ma la mancai, sbandando di lato. Passai oltre l'imbocco per finire contro il parapetto di ferro con la fiancata. Feci retromarcia e infilai la rampa, in senso opposto alle macchine che uscivano dall'autostrada.

Procedetti a zigzag, evitando uno scontro frontale. Intanto controllavo lo specchietto. Solo una macchina sportiva mi separava dagli inseguitori. L'ebbrezza autodistruttiva che l'adrenalina mi sparava nelle vene era una sensazione meravigliosa e terribile. Sapevo che non sarei più stato in grado di fermarmi. Sentivo che se quella mia fuga disperata doveva finire, questo sarebbe successo in un modo violento e definitivo. Le ruote divoravano l'asfalto, e tutto mi sembrava così familiare, così ciclico, come se su quella strada della West Coast una storia già scritta si stesse ripetendo...

La *mia* storia.

Approfittai di uno spiazzo sulla sinistra per fare inversione e reimmettermi in carreggiata con il traffico che ora scorreva nella mia stessa direzione. Ma poco dopo, da una rampa di immissione comparvero altre due auto della polizia che si misero nella mia scia, tallonandomi. Ok, ormai ero arrivato al capolinea. Era inutile opporsi al destino. Tutto quello che stavo vivendo, l'avevo già vissuto...

Notte.

Auto della polizia che sfrecciano su un'autostrada. Le ruote che martellano l'asfalto.

Sirene, bagliori di lampeggianti.

Una Ferrari che viaggia ancora più veloce davanti a loro...

Mi passai freneticamente una mano sugli occhi, non riuscivo più a distinguere la realtà dalle mie visioni. In quel momento, di fronte a me, un motociclista mi tagliò la strada per superare un altro veicolo. Sopra la sua testa, vidi un timer che scandiva il tempo residuo.

00:00:00

00:00:04

Il conto alla rovescia procedeva inesorabile. Cercai di schivarlo, ma era troppo tardi. Investii la moto facendola roteare via sull'asfalto e proiettando in avanti il motociclista, che si abbatté sulla carreggiata e rimase immobile dopo essere rotolato più volte su se stesso come un birillo. Lo superai ad alta velocità e guardai inebetito nello specchietto sperando di vederlo rialzarsi. Quella distrazione mi fu fatale.

Urtai il guardrail sollevando un fiotto di scintille. Fui costretto a rallentare, mentre le auto della polizia mi stavano ormai raggiungendo. Tra poco mi avrebbero chiuso ogni via di fuga...

Auto della polizia che inseguono Mark, impegnato in uno slalom in mezzo al traffico.

Una curva stretta in avvicinamento sull'autostrada.

Mark che accelera.

La Ferrari che sfonda il guardrail e precipita nel vuoto...

Cercai di schiarirmi la vista stropicciandomi gli occhi e scuotendo la testa, ma non servì a niente.

E stavolta, quando mi accorsi all'ultimo momento che stavo per colpire in pieno un'altra auto, sterzai d'istinto troppo bruscamente e persi il controllo del veicolo, che si inclinò su un fianco e si ribaltò, scivolando attraverso la carreggiata per decine di metri con un tremendo suono raschiante.

La Ferrari che esplode schiantandosi nel burrone...

L'ultima immagine che vidi fu una scena di devastazione dall'abitacolo rovesciato, quando la Bmw si fermò dopo aver esaurito la sua forza d'inerzia. Sentivo le sirene, e le auto della polizia che frenavano intorno a me. Poi tutto si annebbiò, lasciando il posto a una luce bianca.

31

Nel tunnel di vetro. Intorno tutto è confuso, sfocato.
«Ciao, Mark» dice la voce della Guida.

32

Ripresi i sensi in una stanza d'ospedale. Dalle tendine della finestra filtrava un po' di luce. Risuonò una voce femminile, metallica, che richiedeva l'intervento di un medico per non so quale reparto. Provai a muovere lentamente la testa, poi gambe e braccia. Nel braccio destro avevo l'ago di una flebo. Al termine del controllo mi sembrò di essere tutto intero. Di colpo ricordai ogni particolare dello schianto che aveva messo fine alla mia fuga sull'autostrada. Esserne uscito illeso era già abbastanza miracoloso.

Ma il mio pensiero corse subito a Barbara. Quanto tempo era passato? Quanto ancora le rimaneva da vivere, prima che il maledetto conto alla rovescia decretasse l'ora della sua morte? Potevo ancora fare qualcosa per salvarla?

La porta, sulla sinistra, era socchiusa. Fuori intravidi un poliziotto seduto a piantonare la stanza. Ero in stato di fermo. Girai la testa sul cuscino. Nel letto accanto al mio c'era un uomo che doveva avere una cinquantina d'anni. Se ne stava immobile, però vedevo che teneva gli occhi aperti. Provai a rivolgergli la parola, ma al primo tentativo riuscii a emettere solo un bisbiglio.

«Ehi, mi sente?» dissi dopo essermi schiarito la voce.

L'uomo sussultò, poi girò lentamente la testa di lato per guardarmi.

«Che ora è?» chiesi.

«Le sei e venti» rispose l'uomo, dando un'occhiata alla sveglia che aveva sul comodino. La sua voce era calma e profonda. «E adesso stattene zitto.»

«Le sei e venti di mattina?» chiesi ancora.

«Sì.»

«Quale mattina?»

«Questa.»

«Di che giorno?» feci innervosito.

«Mercoledì» disse l'uomo con un sospiro.

Per un verso mi sentii sollevato. A Barbara restava qualche ora. Il problema era che dovevo andarmene da lì al più presto, eludendo la sorveglianza.

Mi sfilai l'ago dal braccio e spostai con cautela le gambe sul letto, fino a lasciarle ricadere da un lato tenendomi stretto alla testiera di metallo. Mi tirai su con il timore di scoprire, all'improvviso, di non reggermi in piedi, o anche peggio, ma mi sembrava di stare bene. Il mio compagno di stanza aveva chiuso gli occhi, forse si era addormentato. Mi augurai che non desse l'allarme notando le mie manovre. Senza fare rumore mi avvicinai alla porta e sbirciai nel corridoio.

L'agente era seduto, stava sfogliando una rivista. Non solo mi sarebbe stato impossibile uscire dalla stanza sotto il suo naso, ma da quella posizione gli sarebbe bastato allungare un po' il collo per accorgersi che mi ero alzato. Dovevo escogitare in fretta qualcosa per farlo allontanare.

In punta di piedi tornai verso il letto, guardandomi intorno in cerca di un'idea. Se anche fossi riuscito a lasciare la stanza, avevo addosso una lunga casacca bianca e nient'altro. Non avrei fatto molta strada senza essere notato, purtroppo.

Mi osservai le braccia e le gambe, e l'idea arrivò.

Tolsi l'ago dalla flebo e, facendomi coraggio, infilai con una smorfia la punta nel palmo dell'altra mano per praticare un'incisione. Il sangue cominciò a sgorgare. Ma passò appena qualche secondo e la ferita si rimarginò. I miei poteri funzionavano ancora.

Mi feci di nuovo coraggio e aprii uno squarcio profondo lungo tutto il braccio. Il sangue schizzò fuori come se avessi perforato un idrante. Gridai per il dolore e crollai sulle ginocchia, trascinandomi lentamente verso la porta. Il paziente nel letto accanto aveva spalancato gli occhi e mi fissava inorridito, cercando di sollevare la testa per vedere che cosa mi stesse succedendo. Un istante dopo il piantone irruppe nella stanza, mentre i fiotti di sangue arrossavano il pavimento.

«Chiami qualcuno... per favore...» mormorai. In effetti cominciavo a sentirmi mancare le forze.

Il poliziotto esitò per un istante, scioccato dalla scena splatter che si era ritrovato davanti agli occhi, poi corse a cercare aiuto. Tempo qualche secondo e vidi che la ferita aveva già iniziato a richiudersi.

Mi rialzai e mi affacciai sulla soglia per dare un'occhiata al corridoio. Via libera da entrambe le parti.

Avvolto nella casacca intrisa di sangue, raggiunsi correndo una svolta del corridoio. Girato l'angolo, mi voltai a controllare la situazione e vidi il poliziotto di ritorno con un medico. Fra un attimo avrebbero dato l'allarme.

Mi infilai giù per una rampa di scale, poi scesi ancora senza incontrare nessuno finché sbucai al pianterreno. Nell'atrio c'era gente, sia visitatori che personale medico, ma a quel punto dovevo rischiare il tutto per tutto.

Mi diressi verso l'uscita e passai di fronte all'accettazione, approfittando del momento in cui vidi l'infermiera più vicina a me rispondere al telefono. Tenevo la testa bassa e mi stringevo addosso la casacca, cercando di nascondere il più possibile le chiazze di sangue. Il braccio, in compenso, era tornato come nuovo.

Quando una delle infermiere dell'accettazione si accorse di me e mi urlò di fermarmi, stavo già oltrepassando l'uscita.

Ero in strada, nell'aria fresca del mattino. Mi misi a correre per allontanarmi dall'ospedale, mentre mi guardavo attorno in cerca di un mezzo di trasporto. Le persone che incrociavo si ritraevano orripilate vedendomi coperto di sangue.

Cercai di far rallentare qualche auto per poter chiedere un passaggio, ma tutti tiravano dritto accelerando. Niente di strano, il mio aspetto non era molto rassicurante.

Appena realizzai che non avrei ottenuto granché con quella tecnica, mi piazzai in mezzo alla strada, costringendo la prima auto in arrivo a inchiodare per non investirmi. L'autista si attaccò al clacson e mi gridò qualcosa dal finestrino, dopodiché mi evitò passandomi accanto e si allontanò.

In quel momento mi accorsi che un paio di uomini della sicurezza stavano sopraggiungendo dall'ospedale insieme al poliziotto. Ripresi a scappare lungo la strada, cercando nel frattempo di fare in modo che qualcuno si fermasse a raccogliermi. Alla fine quasi mi tuffai davanti a un taxi, che frenò bruscamente a pochi centimetri da me. Il tassista abbassò il finestrino e mise fuori la testa.

«Che cazzo fai?!» esclamò. «Sei impazzito?»

«Per favore, mi serve un passaggio!» dissi io avvicinandomi.

«Che diavolo dici?» Poi, sgranando gli occhi: «Ma cosa ti è successo?».

«Mi dia una mano, per favore... la supplico!»

Mi voltai indietro verso l'ospedale. Le guardie si stavano avvicinando, correndo in mezzo alla gente.

«La prego!» insistetti.

«Ok, devo essere pazzo anch'io» disse aprendomi la portiera dietro.

Saltai su e filammo via, lasciando i miei inseguitori con un pugno di mosche. Sfuggire alla polizia stava diventando la mia specialità.

«Non sarò certo io ad aiutare gli sbirri» disse il tassista con una gran risata. Era un tipo corpulento, con i capelli rossi e il viso pieno di lentiggini, forse un irlandese. «Ma si può sapere che cosa ti è successo? Non mi capita tutti i giorni di caricare uno conciato come te...»

«Anche se glielo dicessi non mi crederebbe» risposi, rannicchiato sul sedile posteriore. Il cuore stava riprendendo solo ora a battere a ritmi normali.

«In effetti è probabile.»

«Grazie, comunque. Davvero, mi ha tirato fuori da un bel casino.»

«Hai i soldi per pagarmi la corsa?» mi chiese, dandomi un'occhiata nello specchietto.

«No.»

«Chissà perché me l'aspettavo. Quel genere di grembiule non è molto adatto per tenerci dei soldi.»

«Però potrei riuscire a pagarla quando saremo a casa del mio amico. Se accetta di portarmici.»

«E dove abita, questo tuo amico?»

«A Bel Air.»

«Tu hai degli amici a Bel Air?» Altra sonora risata. «Sei *molto* più pazzo di quanto pensassi, ragazzo dal grembiule. Se non altro, avrò qualcosa da raccontare ai miei colleghi.»

Intanto le strade scorrevano via, oltre il finestrino, e io mi abbandonavo sempre più sfinito sul sedile.

«Non metterti troppo comodo, fratello» mi disse il tassista. «A quest'ora del mattino non ci metteremo molto.»

«Grazie, grazie» dissi con un filo di voce, sentendomi scivolare un po' alla volta in un limbo ovattato mentre l'auto proseguiva verso Bel Air. «Se solo sapesse... non immagina neanche...»

33

Mi svegliai di soprassalto quando il taxi si fermò davanti alla villa degli Evans. Impiegai qualche secondo a ricostruire dove mi trovassi. Però questa volta non avevo fatto sogni, non avevo avuto visioni. Ero sprofondato in una tenebra profonda, come se avessi ormai superato un confine, e non ero sicuro che fosse un buon segno.

L'immagine del timer che scorreva sopra la testa di Barbara tornò a invadermi la mente. Se i miei calcoli non erano sbagliati, il momento fatidico per lei sarebbe scoccato alle sette e un quarto di quella mattina. Guardai l'ora sul cruscotto del taxi: le sette e cinque minuti. L'angoscia mi stritolò il cuore. Restava pochissimo tempo.

La mia ultima speranza era verificare un'idea che mi era venuta. Così ovvia che non sapevo spiegarmi come mai non ci avessi pensato subito, la sera prima...

Il tassista mi osservava nello specchietto. «Ci siamo» disse. «Sicuro che sia tutto ok?»

Annuii.

«Vuole che provi a trovarle un po' di soldi?» chiesi. «Sono sicuro che Howard...»

«Lascia perdere, amico» mi rispose con una delle sue risate. «Oggi la corsa è offerta dalla ditta. Tu, piuttosto, pensa a badare a te stesso.»

Era la seconda o terza persona che mi diceva più o meno

la stessa cosa. Dovevo sembrare a tutti un personaggio davvero patetico. Scesi e, mentre il taxi si allontanava, di corsa raggiunsi il vialetto d'ingresso degli Evans, superando il nostro furgoncino parcheggiato in strada. Bussai alla porta della villa, ancora e ancora.

Venne ad aprire Howard. Sbiancò, appena mi vide sulla soglia in quelle condizioni.

«Ciao, Howard» dissi.

«Ma che ti è successo?!» esclamò. «Hanno detto che eri piantonato in ospedale...»

«Poi ti spiegherò, non ora, e comunque sto bene. Non far caso al sangue, è stato solo per creare un effetto di scena...»

«Abbiamo sentito al notiziario del tuo incidente, e dell'arresto» disse, senza accennare a lasciarmi entrare. Cercava di non guardare la mia casacca imbrattata. «Hanno ritrovato la mia auto, completamente distrutta. E adesso tu ti presenti qui, a casa nostra, come se niente fosse.»

«Devo trovare Barbara.»

Sbatté le palpebre, continuando a fissarmi. La mia idea era giusta, avevo fatto centro.

«Certo, certo, ma... cos'è successo allo show? Cos'era tutta quella storia?» riprese, come se non avessi detto niente.

«Quella storia era la pura verità» risposi, provando intanto a sbirciare dentro casa. «Fa paura, lo so. Anch'io vorrei non crederci, vorrei che tutto questo non fosse mai successo. Ma ti rendi conto di come potrebbe cambiare la vita, se tutti fossero consapevoli di quella verità? Immagina se qualcuno riuscisse a provare le cose che so... La gente ha diritto di sapere, Howard, e tu non hai il diritto di impedirglielo.» Feci una pausa. «Barbara è venuta qui, vero?»

«È venuta ieri sera, molto tardi» disse dopo un attimo di esitazione. Ma non si spostò di un centimetro. «Non sapeva dove andare.»

«È qui, adesso?»

«Sì, ma come puoi immaginare è un tantino sconvolta da tutto quanto. Non sa come...»

Lo colsi di sorpresa spingendolo da parte ed entrai in casa. Guardai in uno studiolo a sinistra dell'ingresso, mentre Howard mi veniva dietro senza sapere bene come intervenire. Lei non c'era.

«Dov'è?» chiesi, pronto a ficcare il naso dappertutto se fosse stato necessario.

«Non vuole vederti, Scott!» fece lui, cercando di interporsi in qualche modo. «Ci ha chiesto di prenotarle un volo per oggi pomeriggio, vuole solo tornare a casa. È sotto choc, devi capirla...»

«Ti ho chiesto dov'è!» gridai. «Sei tu che non capisci quello che sta per succederle!»

«Ascolta, lei...»

«Lei morirà tra pochi minuti, se non mi dici subito dov'è» sibilai. «Vuoi averla sulla coscienza?»

«Su, calmati...»

Lo ignorai e cominciai ad aggirarmi per la casa chiamando Barbara. Entrai nel soggiorno, e in quel momento sentii chiudersi la porta sul retro. Mi precipitai da quella parte.

«Scott, lei non si merita tutto questo!» mi gridò dietro Howard, cercando di raggiungermi. «Ha solo sedici anni!»

Teri uscì dalla cucina, bloccando il passaggio.

«Lasciala in pace, Scott!» esclamò.

Io la spostai con un braccio e passai oltre, aprendo la porta a vetri che dava sul retro della villa.

Uscii. Barbara era lì, in piedi sul prato. Alla sua sinistra c'era la zona privata con la piscina e la dépendance in cui eravamo stati ospitati. Alle sue spalle, oltre la recinzione, una strada che correva parallela al viale degli Evans.

Era spaventata, ed ecco quel timer infernale sopra la sua testa che, visibile solo a me, le concedeva ancora tre minuti.

Ma quello che davvero mi gelò il sangue fu rendermi conto che *aveva paura di me.*

«Barbara...» dissi.

«Ti prego, stammi lontano» fece lei. Stava piangendo. «Non avrei mai dovuto seguirti fin qui... lo sapevo che sarebbe finita così.»

«Adesso devi starmi a sentire, non c'è più tempo.» Azzardai un passo avanti. «Resta lì dove sei, non muoverti, non fare assolutamente niente, ok?»

«Perché dovrei starti a sentire?» replicò sarcastica, asciugandosi le lacrime dal viso. «Finora non mi ha portato molto bene.»

«È vero, hai ragione» dissi nel tono più rassicurante possibile, anche se dentro di me ero in preda al panico. Avanzai di un altro passo. «Ma adesso sei in pericolo, e l'unico modo perché non ti succeda niente è startene ferma lì e fare come ti dico.»

«Stai per profetizzare anche la mia morte, Scott?» Mi guardò con il terrore negli occhi. «Allora, perché non mi rispondi? Sto per morire? Quanto tempo mi resta?»

Alzai gli occhi di sfuggita sopra la sua testa.

Due minuti.

«Tu limitati a non fare niente, ok?» insistetti mentre avanzavo ancora di qualche passo, ma lei si ritrasse e cominciò a indietreggiare.

«Per favore, lasciami sola... Ho bisogno di stare sola...»

«Fidati di me, Barbara. *Devi* fidarti di me!»

Provai a raggiungerla, ma lei si girò di scatto e si mise a correre. Arrivò alla recinzione, spalancò il cancelletto di legno e uscì sulla strada. Poi imboccò una strada trafficata.

«Aspetta! Devi ascoltarmi!» urlai disperato, rincorrendola. «Se non ti fermi subito, morirai!»

Poi rallentai, rendendomi conto che in quel modo non facevo che spingerla ad allontanarsi sempre di più.

«Guarda, non ti sto inseguendo!» urlai per farmi sentire da lei, distante una cinquantina di metri. «Ma tu, per favore, non andare da nessuna parte!»

Barbara si girò a controllare e rallentò a sua volta.

«Rimani lì» dissi. «Ti prego, lasciami avvicinare... Voglio solo proteggerti!»

Lei scosse la testa, ma almeno non riprese a scappare. Rimase lì, incerta, sul ciglio della strada.

Trenta secondi.

Mi mossi per raggiungerla. Avevo il cuore che mi martellava nelle tempie e sembrava dovesse scoppiare da un momento all'altro. Ormai la distanza tra noi era pochissima, solo qualche metro.

Quindici secondi.

«Voglio solo che ti togli dalla strada e rientri in casa con me, ok?» dissi affannato, cercando di coprire gli ultimi due o tre metri che mi separavano da lei. «Ti supplico...»

Lei fece un passo indietro, un altro.

Alzai gli occhi sopra la sua testa.

Cinque secondi.

E Barbara non si decideva a spostarsi.

Quattro secondi.

Mi guardai intorno, sui due lati della carreggiata, tremando dalla paura di vedere...

Un pickup stava arrivando ad alta velocità.

Tre secondi.

«Via da lì, subito!» gridai allungando una mano per afferrarla.

Ma Barbara indietreggiò impaurita, inoltrandosi ancor più in mezzo alla strada, inciampò, e finì per ritrovarsi sbilanciata sulla traiettoria del pickup.

Due secondi.

Il suono di un clacson mi perforò i timpani, un suono lacerante, come le trombe del giudizio alla fine del mondo. Balzai in avanti e la spinsi via brutalmente. Lei cadde all'indietro. Fuori pericolo, pensai con un mezzo sospiro di sollievo.

Un secondo...

Ma ora si trovava sulla corsia opposta.

Non feci nemmeno in tempo a sentire lo stridio sinistro dei freni, che un'altra auto la investì in pieno – un tonfo sordo e uno scricchiolio di ossa frantumate – scaraventandola lontano come un manichino.

Il pickup dal quale l'avevo salvata, per spingerla nell'abbraccio della morte con le mie stesse mani, si arrestò bruscamente a pochi centimetri da me. Non l'avrebbe mai investita, il guidatore era riuscito a evitare l'impatto...

Qualcosa si spezzò dentro di me. Come se annaspassi nel vuoto, sospeso da terra, corsi verso la sagoma contorta che giaceva immobile in mezzo alla strada, mentre da altre macchine che si erano fermate le persone scendevano a portare soccorso. Anche Howard e Teri stavano accorrendo, chiamando il mio nome, e quello di Barbara. Qualcuno stava telefonando al 911. Lei giaceva in una pozza di sangue che si stava allargando sotto il suo corpo disarticolato.

Questa non ce l'ha fatta...

Gli occhi, ormai svuotati della scintilla vitale, erano fissi verso l'alto. E io sapevo che guardavano me. C'era una domanda, nel suo sguardo vitreo, e anche un'accusa.

Perché le avevo fatto questo?

Perché proprio a lei?

Caddi in ginocchio accanto a lei, la sollevai tra le braccia e strinsi contro di me quell'involucro inerte che si abbandonò sul mio petto.

«No... no... Barbara, perdonami...» continuavo a mormorare come in un mantra, sentendo le lacrime che mi scorrevano calde sul viso. Howard mi raggiunse e cercò di trascinarmi via, ma io mi strinsi ancora di più al corpo di Barbara, singhiozzando disperato. Sapevo che non l'avrei lasciata mai più.

Sapevo che la mia mente e il mio cuore non si sarebbero mai più allontanati da quel luogo segnato dal destino. Dove avevo causato la morte dell'unica persona che, forse, mi avesse davvero amato per quello che ero.

34

Notte. Una delle tante, interminabili notti nella mia cella buia e solitaria all'interno della clinica psichiatrica. Da quanto ero rinchiuso là dentro? Non lo sapevo.

Giorni, settimane. Forse mesi. Avevo perso la cognizione del tempo nell'istante in cui avevo visto Barbara morire sotto i miei occhi, fra le mie braccia. Me ne stavo seduto in un angolo, costretto in una camicia di forza che mi impediva qualsiasi movimento. Pareti imbottite, porta blindata, una feritoia dalla quale mi controllavano a intervalli regolari e mi passavano il cibo. Una prigione, ecco quello che era.

Non mi avevano creduto, alla fine. Nemmeno di fronte all'evidenza dei fatti. Dopo quello che era successo in diretta TV, dopo la morte annunciata di quella donna. Nessuno aveva voluto credere. Avevano tutti paura di guardare in faccia la realtà. Avevano il terrore di sapere la verità sulle loro piccole, ingannevoli vite.

La mia risata riecheggiò debolmente, attutita dalle pareti della cella.

«Un esperimento, ecco quello che siamo!» dissi a voce alta, sicuro che mi stessero ascoltando. «Passiamo tutta la vita senza sapere perché siamo qui e quando dovremo andarcene. Quale punizione peggiore di questa? Perché dobbiamo soffrire così tanto?»

Tesi l'orecchio. Nessun rumore. Quante volte mi ero immaginato i dottori nei loro camici bianchi, nascosti dietro i muri a studiarmi come una cavia da laboratorio. Pensavano che fossi pazzo, proprio come avevano sempre pensato tutti, a scuola, i professori, gli altri ragazzi, perfino mia madre...

Tranne Barbara.

Lei no, lei aveva creduto in me fin dal primo momento.

«Se tutti sapessero che cosa viene prima e dopo, tutto sarebbe molto più facile!» gridai. «Mi sentite, vero? Lo so che siete lì.»

Passò un po' di tempo senza che succedesse niente, poi il solito sportellino si aprì e un contenitore con del cibo venne spinto attraverso l'apertura. Balzai in piedi, agitandomi nella camicia di forza, ma feci appena un passo che lo sportellino si richiuse subito. Quando mi fossi calmato, sarebbero venuti a liberarmi un braccio per mangiare.

«Ehi!» chiamai. «Dove andate? Non volete sapere quando morirete?»

Mi misi a ridere, e continuai finché non fui scosso da un accesso di tosse. Mi sentivo debole, mi reggevo appena sulle gambe. Quella vita da recluso mi stava uccidendo. Se almeno si fossero decisi ad ascoltarmi... il mio sacrificio avrebbe avuto un senso.

«Io posso dirvelo, perché sono Gesù» ripresi disorientato, esasperato dal silenzio assoluto che mi circondava. «Io sono Gesù Cristo, dannazione, tornato sulla Terra a dirvi che razza di fottuti idioti siete tutti quanti!»

Feci una pausa, sempre in attesa di una qualche reazione, un sussurro, un fruscio che mi confermassero la loro presenza.

Niente.

«Io so quando morirete...» cominciai a canticchiare, ripetendolo all'infinito come in una filastrocca per bambini.

A volte passavo ore e ore, così, ritmando la cadenza con la testa che ondeggiava da una parte e dall'altra. Smettevo solo quando non avevo più fiato, e di solito mi addormentavo. Riuscivo a dormire per poco, però, a causa dei sogni. Quei sogni, quelle visioni di ciò che c'era *di là*, mi avevano sempre messo paura.

Ma ora sapevo che era *questo* il sogno, e la realtà vera era l'altra...

Rimasi per un po' in silenzio, poi ricominciai a ridere. Era davvero comico pensare a quei tizi nascosti dietro la porta, che fingevano di non esserci, convinti che io non sapessi, che non potessi capire...

Un momento.

Qualcosa si era mosso in un angolo della stanza.

Aguzzai la vista, allarmato.

Non mi ero sbagliato, una sagoma confusa era apparsa sulla parete bianca di fronte a me.

«Chi c'è?» dissi, con il cuore che mi pulsava nelle orecchie.

Una figura avanzò verso di me nella luce fioca, poi si fermò.

Era lui, l'uomo di colore. La Guida.

«Ciao, Scott.»

Il suo viso era sempre lo stesso, l'espressione sempre la stessa. Impassibile, serena... e spietata.

«Vattene via» dissi, ritraendomi nel mio angolo. «Vattene, o...»

«Altrimenti cosa farai?»

Mi scrutava con quel suo sguardo che sembrava sempre sapere tutto. Mi girai verso la porta e mi misi a chiamare aiuto a squarciagola.

«Credi che ti aiuteranno, Scott?» fece la Guida.

Non mostrava mai nessuna emozione, ma in quel momento era come se mi stesse deridendo. La luce nei suoi occhi aveva un che di beffardo, di sprezzante. Ma forse era la mia immaginazione, come sempre.

«Che cosa vuoi?» chiesi, rassegnandomi a non ricevere soccorso dai carcerieri.

«Ho pensato che sarebbe stato gentile dirti la verità.»

«So già abbastanza.»

«In realtà no...»

La Guida tacque per un attimo. Ripresi a gridare chiamando aiuto, inutilmente. La voce mi si spense in gola con un rantolo.

«Vuoi conoscere la verità o no?» mi chiese.

Se ne stava lì, in piedi, come un'apparizione mistica. A me sembrava perfettamente reale, ma se mi fossi avvicinato sarei riuscito a toccarlo, oppure lo avrei attraversato come una specie di ologramma?

«Scommetto che nemmeno sei davvero qui» dissi, ostentando una sicurezza che non possedevo. «Mi hanno spiegato che è tutto nella mia mente. Che per colpa delle mie allucinazioni ho causato la morte di Barbara, e anche di quella donna. I dottori dicono che ho la "sindrome di Gesù"...»

Risi istericamente.

«Ha molta importanza se sono qui oppure no?» replicò la Guida imperturbabile. «Conta quello che vengo a dirti. Il messaggio che ti porto, Scott, non vuoi ascoltarlo?»

Non dissi niente, ansioso mio malgrado di saperne di più.

«Ogni singolo istante della vita sulla Terra era un esperimento» continuò. «Ogni singola esistenza umana era ed è un test per migliorare la nostra vera vita e il vero mondo dove viviamo per l'eternità... Anche la tua fuga dal punto di transizione era un test. Tutto quello che hai passato era programmato.»

Feci una risata beffarda, poi intonai la mia cantilena infantile per non essere costretto ad ascoltarlo.

«Era un test, Scott» ripeté la Guida. «Avevamo necessità di sperimentare qualcosa di nuovo. Volevamo vedere cosa sarebbe successo se un ragazzo come te fosse venuto sulla Terra sapendo tutta la verità sul dopo-vita. Abbiamo sperimentato una nuova versione del messaggero. Un nuovo Messia. Solo per vedere che cosa sarebbe successo al giorno d'oggi.»

«Avete fatto questo a me?» chiesi a un tratto. In fondo non doveva faticare troppo per convincermi: io *sapevo* che era quella la verità.

«Per un verso ti sei comportato molto bene» disse la Guida. «Ma temo che la gente di questa epoca non sia pronta per un Messia.»

«Perché mi avete fatto questo?» ripetei a voce più alta.

«Perché mi avete usato per un esperimento? Perché ci imprigionate in questo modo?»

La Guida non rispose.

«E adesso?» continuai, placandomi di fronte al suo silenzio impenetrabile. «Adesso cosa mi succederà? Quando potrò uscire da questo posto?»

«Devi fare una scelta» rispose la Guida. «Puoi decidere di mettere fine alle sofferenze sulla Terra dicendo a tutti la verità. Così tutte le anime saranno libere, ognuno morirà e potrà fare ritorno al mondo parallelo. Noi attiveremo una nuova procedura per la rigenerazione delle anime impure. Sarà la fine del mondo. La fine della prigione, come la chiami tu.»

Non dissi niente, aspettando il seguito col fiato sospeso.

«Oppure» riprese la Guida «magari vuoi che le persone che ti sono care, i tuoi amici, vivano. Magari pensi che dopotutto la vita sulla Terra non sia così male.»

«Mi stai chiedendo di decidere se provocare la fine del mondo?» chiesi, mentre una strana consapevolezza prendeva forma dentro di me.

«A te la scelta, Scott. Cancella per sempre tutta la sofferenza, l'infelicità, il malessere.» Allargò le braccia in un gesto ampio, da predicatore. «A meno che tu non senta la mancanza delle belle donne e delle belle macchine, del denaro, delle feste, di tutto ciò che hai avuto nella tua vita precedente. Se ti venisse data l'opportunità di morire sapendo che ognuno passerà al dopo-vita dimenticando tutte queste frivole distrazioni, che cosa decideresti?»

Un lungo silenzio.

Mi strinsi nel mio angolo, le gambe rannicchiate contro il corpo come se potessero difendermi da quella presenza che non mi lasciava scampo. Non sapevo che cosa dire. Messa in quei termini, la situazione non era come io me l'ero immaginata. Perché, avrei voluto chiedere, perché proprio a me doveva toccare quella scelta...?

«Sai bene che cos'è questo posto, e ora puoi mettere fine a tutto ciò» riprese la Guida. «Sai che questa vita non è altro che un'inutile corsa per ottenere sempre più soldi, sempre più potere. Adesso hai l'opportunità di cambiare tutto, Scott. Che cosa scegli?»

Ancora silenzio.

«Voglio vivere» risposi alla fine, in un sussurro liberatorio. «Sì, io voglio vivere.»

«Allora vivrai» disse la Guida in tono solenne, definitivo. Sulle sue labbra mi sembrò di percepire un vago sorriso. «La tua decisione è presa.»

Cominciò ad arretrare verso il punto più buio da dove era venuto, confondendosi poco a poco nel bianco della parete.

«Ma adesso cosa succede?» saltai su a chiedere, temendo che stesse per abbandonarmi lì.

«Ci rivedremo nel dopo-vita, Scott» aggiunse, e chinò la testa.

La Guida arretrò ancora, dissolvendosi nell'ombra, finché non fu tutt'uno con le tenebre.

«Aspetta... aspetta!» gridai, dimenandomi dentro la camicia di forza. «No, non lasciarmi qui! Non puoi lasciarmi qui!»

Scrutai nell'angolo buio dove un attimo prima aleggiava la sua sagoma di luce, ma la Guida era scomparsa.

«Torna indietro, bastardo!» esplosi, agitandomi selvaggiamente da un punto all'altro della piccola stanza. Sferrai calci contro le pareti imbottite, che non rimandavano alcun suono, come se stessi colpendo un cuscino. «Io non voglio essere Gesù! Mi hai sentito?»

Tesi l'orecchio, sperando di sentire una sua risposta, ma niente. La Guida se n'era andata, forse per sempre. Continuai a urlare e a dibattermi nella mia cella d'isolamento. Andai avanti per ore, per giorni, settimane.

Per sempre, forse.

35

La Guida non è mai tornata. E nessuno ha mai voluto ascoltare quello che avevo da dire. Spero che almeno lo farete voi. Per questo ho voluto scrivere tutta la mia storia su questi fogli, dopo che mi è stato concesso di avere, sotto stretta sorveglianza, una mano libera e un mozzicone di matita. Sì, spero che almeno voi, se leggerete questo mio testamento spirituale, vi lascerete attraversare dalla Verità.

La Verità su chi siete, e su quello che vi aspetta.

Perché anche voi, in questo momento, avete quei maledetti numeri che scorrono sopra la vostra testa...

Arnoldo Mondadori Editore S.p.A.

Questo volume è stato stampato
presso ELCOGRAF S.p.A.
Stabilimento - Cles (TN)

Stampato in Italia - Printed in Italy